Míorúilt an Pharóiste

Aistí ar fhilíocht Mháire Mhac an tSaoi

Louis de Paor

a chuir in eagar

Cló Iar-Chonnacht
Indreabhán
Conamara

An chéad chló 2014
© Cló Iar-Chonnacht 2014

ISBN 978-1-78444-103-6

Dearadh: Deirdre Ní Thuathail
Dearadh clúdaigh: Clifford Hayes
Ealaín an chlúdaigh: 'One Room' le Anne Yeats, National Museums Northern Ireland.
© Eastát Anne Yeats. Gach ceart ar cosaint, DACS 2014.

Tá Cló Iar-Chonnacht buíoch de Fhoras na
Gaeilge as tacaíocht airgeadais a chur ar fáil.

Faigheann Cló Iar-Chonnacht cabhair airgid
ón gComhairle Ealaíon.

Clóchur: Cló Iar-Chonnacht, Indreabhán, Co. na Gaillimhe.
Teil: 091-593307 **Facs:** 091-593362 **r-phost:** eolas@cic.ie
Priontáil: Castle Print, Gaillimh.

CLÁR

BROLLACH

Eascraíonn an cnuasach aistí seo as comhdháil lae ar shaothar Mháire Mhac an tSaoi a chuir Ionad an Léinn Éireannaigh ar siúl in Ollscoil na hÉireann, Gaillimh, 23 Bealtaine 2012. Chomh maith leis na scríbhneoirí a bhfuil saothar leo sa leabhar seo, thug an tOllamh Margaret MacCurtain léacht bhreá ar uncail Mháire Mhac an tSaoi, an tAthair David Browne, a bhí ina Mháistir Ginearálta tráth ar Ord na nDoiminiceánach. Ghlac an Dr Mary Harris, an tOllamh Bríona Nic Dhiarmada, agus an Dr Ailbhe Ní Ghearbhuigh páirt chomh maith sa díospóireacht bhríomhar a lean na seisiúin chainte a rabhadar ina gcathaoirligh orthu. Dhein Cathal Póirtéir taifeadadh ar imeachtaí an lae agus craoladh cuid de na cainteanna ar RTE Raadio 1 ina dhiaidh sin.

I dteannta na n-aistí atá anso istigh, tá athchló curtha againn ar chuid de na léirmheasanna is túisce a deineadh ar fhilíocht Mháire Mhac an tSaoi nuair a foilsíodh an chéad leabhar dánta léi, *Margadh na saoire,* sa bhliain 1956. I measc na gcriticeoirí cumasacha a chuaigh i ngleic leis an leabhar sin, bhí John Jordan, Seán Mac Réamoinn, Seán Ó Tuama, agus Dónall Ó Corcora. Taispeánann na haistí léirmheasa sin a fheabhas a bhí ceird an léirmheastóra á cleachtadh i lár an chéid seo caite agus cuid de na scríbhneoirí ab fhearr ó aimsir na hAthbheochana ar aghaidh i mbarr a réime nó gairid go maith do. Táimid fíorbhuíoch de *The Irish Times,* de *Comhar* agus de *Feasta* a cheadaigh na léirmheasanna a chur i gcló arís sa leabhar seo.

Táimid buíoch d'fhoireann Chló Iar-Chonnacht as a gcuid oibre, go mórmhór de Lochlainn Ó Tuairisg as a scileanna eagarthóireachta, a chuid scrupaill agus a chuid foighne, agus de Dheirdre Ní Thuathail as dearadh an leabhair. Táimid buíoch chomh maith de gach éinne a chabhraigh linn chun an chomhdháil lae a eagrú, de Samantha Williams go háirithe, Riarthóir Ionad an Léinn Éireannaigh, OÉ Gaillimh, agus crann taca daingean i ngach aon ghné dár gcuid oibre.

– Louis de Paor
Stiúrthóir Ionad an Léinn Éireannaigh
Ollscoil na hÉireann, Gaillimh

AN GUTH MÁTHARTHA I BHFILÍOCHT MHÁIRE MHAC AN TSAOI

Máirín Nic Eoin

Réamhrá

Cén chaoi a dtéann banfhile nach raibh eispéireas an mháithreachais bhitheolaíoch i ndán di féin i ngleic chruthaitheach leis an iliomad dlúthchaidreamh inar fheidhmigh sí i ról máthartha? Cén seasamh i leith an mháithreachais atá á nochtadh san fhilíocht? Cén solas a chaitheann na dánta ar thuiscint Mháire Mhac an tSaoi ar ról na mban agus ar ról na filíochta i saol na mban? Tugann na ceisteanna seo isteach i gcroílár chleachtas filíochta Mháire Mhac an tSaoi sinn. Agus é ag tagairt go háirithe do na dánta ina n-úsáidtear pearsana nó múnlaí filíochta traidisiúnta chun gnéithe den saol príobháideach a chíoradh, luann Louis de Paor 'the technique of simultaneous discretion and disclosure practised under the cloak and mask of tradition ...' (2011: 27). Maidir leis an nguth máthartha san fhilíocht, cé gur minic gur lomnochtadh ar mhothúcháin sho-aitheanta choinbhinsiúnta atá i gceist, feictear go bhfuil toisí sóisialta agus síceolaíocha á gcíoradh freisin nár pléadh go hoscailte i bhfilíocht na Gaeilge go dtí gur scríobh Máire Mhac an tSaoi fúthu.

Tá íomhánna de pháistí agus de ghnéithe den chúram máthartha le fáil ar fud an bhaill sa saothar, agus an tuiscint thraidisiúnta gurb iad an bhreith agus an tógáil clainne is dual don bhean á nochtadh go rialta ann. Ar an taobh eile den scéal, léiríonn na mórdhánta faoi ghrá na máthar altramais agus na leasmháthar, gan trácht ar na dánta ina bhféachtar ar chás daoine agus pobal eile trí shúile máthar, tuiscint ar an máithreachas mar chúram sóisialta agus eiticiúil nach bhfuil ag brath ar an atáirgeadh bitheolaíoch. Bheadh an tuiscint ar an altramas ag teacht le coincheap an mháithreachais shóisialta atá tagtha chun cinn sa smaointeoireacht fheimineach le blianta beaga anuas (Letherby 1999, 2002; Altman 2003, mar shampla), ach i saothar Mháire Mhac an tSaoi, tá léargas ar thábhacht an altramais sa chóras Gaelach ar chúl an léirithe sin freisin (Mhac an tSaoi 2004). Tá dánta áirithe ina n-úsáidtear an gaol máthartha mar phointe fócais chun teachtaireacht pholaitiúil a chur abhaile. D'fhéadfaí an grá caomhnaitheach agus an smaointeoireacht mháthartha mar a phléigh Sara Ruddick iad a aithint sa seasamh polaitiúil atá á ghlacadh sna dánta seo (1983, 1987, 1989). Níl aon rud simplí ag baint le dánta polaitiúla Mhac an tSaoi, áfach, agus feictear go bhfuil seasamh déchiallach a dhiúltaíonn don chinnteacht mhorálta agus don ghlan-idirdhealú ar bhonn inscne á nochtadh i ndánta áirithe.

Ba í an fealsamh Eva Feder Kittay thar aon duine eile a d'fhéach leis an máithreachas agus eitic an chúraim a phlé i dteannta a chéile, tríd an mbuntuiscint gur mac nó iníon máthar gach duine dínn agus gur gné dhosheachanta den daonnacht trí chéile é an t-idirspleáchas agus an tsoghontacht a shamhlaítear go hiondúil leis an naíondacht, le tinneas agus éagumas, agus leis an tseanaois (1999). Is éard a bheidh á áiteamh agam san aiste seo ná gur réimse dioscúrsach é réimse na filíochta a léiríonn ilchastacht cheist seo an chúraim agus í á hiniúchadh go mion agus go leanúnach thar thréimhse caoga bliain ag duine de mhórfhilí na Nua-Ghaeilge.

Cúram linbh agus mianta máthar

Is é an chéad dán a bhfuil cúram linbh á léiriú ann ná an liric ghearr 'An chéad bhróg' a foilsíodh in *Margadh na saoire* (1956). Fearacht na ndánta eile a bhaineann leis an gcúram máthartha a tháinig ina dhiaidh sin, feictear an caidreamh leis an leanbh óg sa dán seo mar dhlúthghaol a bhfuil idir phléisiúr agus fhreagracht, iontas agus imní, ag roinnt leis. Tosaíonn an dán sa chéad phearsa iolra, a léiríonn gur ócáid shóisialta atá ann, cé nach luaitear aon bhall eile teaghlaigh:

Do chuireamar an bhróg air den gcéad uair ar maidin,
Fáiscithe, fuaite, seoidín den leathar,
Míorúilt ghréasaíochta sa chéadscoth den bhfaisean
Ar an dtroigh bheag bhláfar nár chaith cuing cheana,
An chéad bhróg riamh ar an gcoisín meala.

Labhraítear go díreach leis an bpáiste sa dara véarsa, agus críochnaíonn sé sa chéad phearsa uatha:

A mhaoinín, a chroí istigh, seo leat ag satailt,
Buail an bonn nó so go teann ar an dtalamh,
Tóg an ceann gleoite go clóchasach, daingean,
Linbhín fir tú id shiúl is id sheasamh,
Airde mo ghlún, is chomh luath so ag 'meacht uaim!
(2011: 64)

Cuirtear clabhsúr leis an dán ansin le suimiú gaoismhear an duine lánfhásta: 'Is fada an ród é le triall agat feasta,/ Is ceangal na mbróg ort níl ann ach tús ceangail' (2011: 64). Níor luadh ainm an bhuachalla nuair a foilsíodh an dán i *Margadh na saoire*, ná níor luadh gur dán é a chum an file d'ócáid i saol mhac a deirféar (Cruise O'Brien 2003: 202). Gan eolas dírbheathaisnéiseach, is mar dhán máthar is túisce a léifí an dán seo. Cuireadh an tíolacadh 'D'Eoin Dáibhí' leis nuair a athfhoilsíodh é níos mó ná tríocha bliain ina dhiaidh sin sa díolaim *An cion go dtí seo* (1987). Cé go bhféadfaí a áiteamh go bhfuil aghaidh fidil na máthar á caitheamh ag pearsa an dáin, b'fhearr breathnú ar an dán mar léiriú luath ar an gcaoi a dtagann filíocht Mháire Mhac an tSaoi aniar aduaidh ar léitheoirí go minic trí úsáid a bhaint as straitéisí féinléirithe a bhfuil ceilt agus nochtadh araon i gceist iontu.

Faightear léargas de chineál eile ar mhianach ilchiallach fhilíocht Mhac an tSaoi sa dán fada 'Ceathrúintí Mháire Ní Ógáin' a foilsíodh freisin in *Margadh na saoire*. Tá mianach réabhlóideach an dáin – agus go háirithe oscailteacht an dáin i dtaca le mianta collaí mná – pléite go tuisceanach ag criticeoirí éagsúla (mar shampla O'Brien 1968: 188-201; Nic Dhiarmada 1987: 25; 1988: 389-90; de Paor 2006: 325-6). Tá toise breise ag baint le teanga fhíortha an dáin, áfach, nuair a scrúdaítear an úsáid a bhaintear ann as íomhánna a bhaineann le baill chothaithe agus le baill ghiniúna na mná. Baintear stangadh as an léitheoir nuair a úsáidtear íomhá na cíche mar léiriú ar dhéine mhothála na mná tréigthe agus nuair a dhéantar pearsanú ar an éad mar naíonán deoil a ngortaíonn a ghreim í:

Tá naí an éada ag deol mo chíchse,
Is mé ag tál air de ló is d'oíche;
An garlach gránna ag cur na bhfiacal,
Is de nimh a ghreama mo chuisle líonta. (2011: 90)

Cé go bhfuil an tsaoirse chollaí á móradh sa dán, is teachtaireacht eile ar fad atá le léamh ar línte den chineál seo a tharraingíonn ar chóras meafarach a théann i bhfad siar i dtraidisiún na litríochta morálta sa Ghaeilge. Insítear scéal sa téacs cráifeach ón seachtú haois déag *Scáthán shacramuinte na haithridhe* le hAodh Mac Aingil faoi pheacach mná agus na pionóis a cuireadh uirthi tar éis a báis. Ar na pionóis sin, bhí 'dá nathair nimhe uathbhásacha timchioll a brághad 7 ag diúl a cīoch' agus 'iomad d'ilphiasdaibh nimhe fa a ceann'. Cuireadh an chéad cheann acu siúd uirthi de bharr cúrsaí adhaltranais: 'Atáid an dá nathair nimhe si ar mo chīochaibh a n-éiric an ghlacaidh thruaillidhe do léiginn do dhēnamh orra'. Agus cuireadh na piasta nimhe faoina ceann 'a ndíol gach deisi 7 bréghdhachda bhréigi dár chuirios air' (Ó Maonaigh 1952: 84). Is i dtéarmaí ainmhíocha a léirítear na pionóis a bhain le peacaí agus ainmhianta eile freisin sa téacs céanna. D'fhéadfaí a áiteamh go bhfuil Máire Mhac an tSaoi ag tógáil ar an traidisiún íomháineach sin sna dánta seo, agus go bhfuil coimhlint ghlan idir guth ceannairceach an dáin agus an chíor thuathail mhorálta a léiríonn an teanga mheafarach ann. D'fhéadfaí mórmhian mháthartha a aithint taobh thiar d'íomhá an naíonáin, agus an sceimhle roimh an imní go bhfuil an mhian sin á treascairt nó treascartha cheana féin. Níos déanaí sa dán, tugtar le fios go bhfuil pian an chaillteanais á hiompar mar a d'iompródh bean gin:

An té atá i bpéin mar táim
Ní raibh uaigneach ná ina aonar riamh,
Ach ag iompar cuileachtan de shíor
Mar bhean gin féna coim. (2011: 92)

Agus í ag trácht ar léamha Freud agus Schilder ar thábhacht shíceolaíoch na híomhá corpartha, luann Elizabeth Grosz an gaol idir braistintí an duine ar bhaill choirp ar leith agus tábhacht shóisialta na mball sin:

> The investments and significances attributed to the different regions of the body image are not simply the consequence of the subject's sensations or the subject's relations to others but also result from the significance of body parts for others (their own as well as the subject's). In this sense, they are never self-determined, voluntarily adopted, or easily shaken off, for they are to a large extent a function of socially shared significances. (1994: 81-2)

Míníonn Paul Schilder coincheap na híomhá corpartha i gcomhthéacs fhiseolaíocht na méine:

> Individuals in whom a partial desire is increased will feel the particular point of the body, the particular erogenic zone belonging to the desire, in the centre of the body-image. It is as if the energy is amassed on these particular points. There will be lines of energy connecting the different erogenic points, and we shall have a variation in the structure of the body-image according to the psychosexual tendencies of the individual. (Schilder 1978: 125-6)

Tá sé suntasach gurb iad na baill chothaithe agus ghiniúna is minice a bhíonn i gceist sa chur síos meafarach ar staid intinne na mná i bhfilíocht Mhac an tSaoi trí chéile. Sa dán 'An dá thráigh', an chéad dán sa dara cnuasach, *Codladh an ghaiscígh* (1973), ach dán a ceapadh mar eipealóg don dán 'Ceathrúintí Mháire Ní Ógáin', pléitear pian na scarúna i dtéarmaí nithiúla a bhfuil an choim, an droim agus an béal i gceist iontu. Léirítear an bhean a chuir deireadh leis an gcumann í féin i dtéarmaí meafaracha mar 'leanbh baineadh den gcín':

> Tuileann an léan im choim
> Mar theilgeann fuarán fé chloich;
> Mé ag iompar na croise dúinn dís
> Ó scaras led bhéal anocht.
> Is mé an leanbh baineadh den gcín,
> Is mé an lao – is an té do scoith.

Tá na paisin á léiriú go fiseolaíoch i dtéarmaí lachta agus triomachta, seirbhe is goirte:

> An chuisle mhear ag gabháil tríom
> Ní réidh dom staonadh óna sruth
> Is do phéinse is stalcadh íota
> Ná féadaim tál air le deoch.
> Is mé tobar searbh ar shliabh,
> Is mé foinse an uisce is goirt.

Críochnaíonn an dán le híomhá láidir de ghníomh na scarúna féin mar shárú a broinne ag máthair:

Gach ar agraíos riamh
Mar chomharthaí dearfa ar chion,
Ní hionann sa scála iad
Led chur ó dhoras mar seo –
Is mé an mháthair sháraigh a broinn;
Níor leoite marthain don rud! (2011: 96)

Leantar leis an gcineál seo íomháineachais i ndánta a thagraíonn don ghaol lánúine freisin. Is ag tagairt do cheangal domhain diamhair idir bheirt atáthar nuair a úsáidtear íomhá na mball inmheánach i ndán a bhaineann le scaradh sealadach na lánúine pósta sa dán 'Ceangal do cheol pop':

Ait liom go ngeofá slán uaim!
Éaló uaim thar farraige sall!
Is go bhfuilim i gcónaí it ampar
Beagáinín os chionn an ghabhail –
San áit a neadódh an páiste
Dá mbeadh aon pháiste ann! (2011: 124)

Sílim go bhfuil an dá mhórghné de scéal an mháithreachais i bhfilíocht Mháire Mhac an tSaoi nochtaithe go neamhbhalbh ón gcéad chnuasach *Margadh na saoire* (1956) ar aghaidh: gné shóisialta agus mhothúchánach an chúraim mháthartha, agus gné shíceolaíoch agus fhiseolaíoch mhian na mná bheith ina máthair. Tá contrárthachtaí ag baint leis an láimhseáil a dhéantar ar an ábhar ó thús deireadh, áfach, sa mhéid go léirítear an cúram máthartha mar rud nádúrtha nach mbaineann le heispéireas bitheolaíoch na breithe ach, ag an am céanna, go léirítear mianta mná ar bhealach a cheanglaíonn an tsuibiachtúlacht bhaineann go dlúth leis an gcolainn agus le feidhm ghiniúna agus chothaithe na mná.

An mháthair áil

Is é an dán 'Codladh an ghaiscígh' (2011: 118) an dán máthartha is cáiliúla de chuid Mháire Mhac an tSaoi. Faoin am gur chum sí é bhí sí pósta le Conor Cruise O'Brien – a dtiomnaítear an leabhar *Codladh an ghaiscígh* (1973) dó – agus bhí beirt leanaí de bhunadh Afracach-Éireannach uchtaithe ag an lánúin. Tagann na leanaí – mac agus iníon – isteach san fhilíocht go rialta ina dhiaidh sin agus léiríonn na gnéithe dá scéal a ndírítear orthu tuiscintí an fhile ar an máithreachas agus ar chúrsaí inscne. Luaitear go hoscailte sa dán 'Codladh an ghaiscígh' gur páiste uchtaithe an páiste atá faoi chaibidil: 'A mhaicín iasachta', 'A réilthín maidine tháinig i gcéin', 'Is maith folaíocht isteach!' (2011: 118). Tagraítear go díreach do dhath craicinn an pháiste, agus tarraingítear an t-athair altramais isteach sa léiriú ar an uchtú i dtéarmaí an chreidimh thraidisiúnta:

> Do thugais ón bhfómhar do dhath
> Is ón rós crón. Is deas
> Gach buí óna chóngas leat.
> Féach, a Chonchúir, ár mac,
> Ní mar beartaíodh ach mar cheap
> Na cumhachta in airde é 'theacht. (118)

Déantar dúchasú ar an mbuachaill trí threalamh bhéaloideas agus litríocht na Gaeilge a tharraingt isteach le grá agus fonn cosanta na máthar a léiriú:

Tair go dtím bachlainn, a chircín eornan,
Tá an lampa ar lasadh is an oíche ag tórmach,
Tá an mada rua ag siúl an bóthar,
Nár sheola aon chat mara ag snapadh é id threosa,
Nuair gur tú coinneal an teaghlaigh ar choinnleoirín óir
    duit. (118)

Tarraingítear aird ar leith ar chúlra Afracach an pháiste, agus
ar imní na máthar ina thaobhsan:

Id shuan duit fém borlach
Is fál umat mo ghean –
Ar do chamachuaird má sea
Fuar agam bheith dhed bhrath.

Cén chosaint a bhéarfair leat?
Artha? Leabharúin? Nó geas?
'Ná taobhaigh choíche an geal,'
Paidir do chine le ceart. (120)

Dearbhaítear ansin gur máthair ar nós gach máthar atá ag
breathnú ar an leanbh seo, agus leantar den dúchasú tríd an
ngarsún, nuair a dhúisíonn sé, a léiriú mar Chú Chulainn
beag, gaiscíoch eiseamláireach an traidisiúin Ghaelaigh:

Ar nós gach máthar seal
Deinim mo mhachnamh thart
Is le linn an mheabhruithe
Siúd spíonóig mhaide id ghlaic!
Taibhrítear dom go pras
An luach láich os do chneas
I leith is gur chugham a bheadh,
Garsúinín Eamhna, Cú na gCleas! (120)

Is mar thabhartas a léirítear an iníon sa dán 'Do phatalóigín gearrchaile', 'ainnirín/ Gleoite 'na pearsainín,/ Dheonaigh sí farainne/ Fascain is fód' (2011: 122). Cuirtear béim ar a nádúrtha is a bhí an gaol idir í agus a hathair agus a máthair altramais, agus fearacht léiriú traidisiúnta an fhireannaigh mar ghaiscíoch, is i dtéarmaí traidisiúnta inscneacha (flaithiúlacht banfhlaith agus mealltacht Éabha) a shamhlaítear cáilíochtaí an chailín bhig freisin:

Gaethe na maidine
Leath sí mar ór,
Bronntasach, scaipitheach,
Banfhlaith fadó –
Claondearc Éabha an abhallúird
Mheall croí a hathar uaidh,
D'aithin sí Mama, níor
Chéil uirthi cóir.

Dírítear ar an ngaol idir an mháthair agus an iníon sa dán seo, ach, nuair a léirítear fábhar na máthar don mhac, tarraingítear ar nath traidisiúnta mar réasúnú ar an éagothroime a bhraitheann an cailín óg:

Créatúirín banúil
Nár éiligh thar meon!
Maith faillí m'aire dhom,
Tuig liom go fóill –
Ná goilleadh Pádraig peata ort,
Déanfam araon an t-aicsean air –
Do mhac do mhac go bpósfaidh,
Ach t'iníon t'iníon go deo! (122)

Is díol suntais an chaoi a dtagann buntuiscintí traidisiúnta ar rólanna inscne isteach mar seo i gcuid de na dánta a bhaineann leis an ngaol máthartha le hiníon agus le mac. Feictear cailín óg cúig bliana d'aois ag géilleadh go toildeonach do ghnás a athróidh a cuma is a féiníomhá sa dán drámatúil 'Máiréad sa tsiopa cóirithe gruaige' in *An galar dubhach* (1980), mar shampla:

Mar uan chun a lomtha is a bhreasaltha i bpóna,
Gur tharraingís talamh id ghearrabhean ghleoite,
Id Shirley Temple, ach a bheith griandóite,
Is gur nocht an scáthán chughat an dealramh nódh so . . .
(2011: 134)

Scréachann an cailín beag le sceon nuair a fheiceann sí í féin sa scáthán, ach is é an léamh a dhéanann an mháthair air sin ná gur sceimhle roimh an mbaineannachas féin (agus roimh shaol coinbhinsiúnta na mná) is cúis leis, seachas cur i gcoinne an mhúnla den bhanúlacht ('Shirley Temple, ach a bheith griandóite') a bhí i gceist leis an mbearradh gruaige:

Chughat an fhuil mhíosta, an cumann, an pósadh,
An t-iompar clainne is gaiste an mhóramha . . .
Mo ghraidhn do chloigeann beag is do ghlóire chorónach
I ngabhal do mháthar ag fúscadh deora
Le fuath don mbaineann is gan fuascailt romhat ann!
A mhaoinín mh'anama, dá bhféadfainn d'fhónfainn.
(2011:134)

Feictear sa dán seo go bhfuil tuiscint an-choinbhinsiúnta á nochtadh ar an gconair saoil a bheadh i ndán do chailín, conair atá dlúthcheangailte le feidhm ghiniúna na mná. Tá an tuiscint seo le fáil ar fud an bhaill i saothar Mhac an tSaoi, ón nóta díomách sa dán luath 'Jack': 'Pósfaidh bean agus tógfaidh síolbhach' (1956: 22; 2011: 48) go dtí an nóta dea-mhéine sa dán 'Epithalamium', ina nguítear clann iomadúil ar an lánúin phósta: 'Sliocht sleachta ar shliocht bhur sleachta,/ Is rathóidh Dia iomadú an duine . . . Ní fágfar bán na seanaláithreacha,/ Gáire na leanbh tógfaidh cian den sean' (1999: 35).

Is mar fhinné ag breathnú ar fhás agus ar fhorbairt na clainne a fheictear an mháthair i ndánta éagsúla a cumadh le himeacht na mblianta. Is féidir fás an mhic a rianadh san fhilíocht ó aois an linbh in 'Codladh an ghaiscígh' (1973: 18, 19) agus 'Amhrán céad chomaoine' (1980: 18), go dtí an teacht in inmhe in 'Paidir do Phádraig' agus 'Pádraig roimh an mbál' (1987: 112; 115-6) agus 'Aerphort' (1999: 52), go dtí go mbíonn sé ina athair linbh é féin, in 'Do Mhaoilre (dá ngoirtear Milo)' (2011: 210). Is minic atá an ghné chorpartha den chaidreamh á léiriú sna dánta seo, agus cuimhne na máthar ar an gcéad teagmháil fhisiciúil leis an bpáiste uchtaithe sa treis iontu:

A mhaicín na n-árann,
Atá eascartha in airde
Os chionn airde do mháthar (2011: 148)

Leithead na nguailne a bhain siar asam,
Mar níl sé fós i mbuaic a mhaitheasa:
Déanfaidh sé fás fós;
Ach na guailne sin,

Guailne fir iad
Roimh am. (2011: 156)

Pógaim mo Phádraig
Is gach Pádraig dá dtáinig roimis
Ó tugadh im' baclainn é
In aois dó an ráithe;
Agus tá an bhunóc bheag
Chomh beo san im aigne
Gurb ait liom an lá so
Mo cheann in ucht fir –
Mé ag cur na slán leis. (1999: 52)

Tá an tagairt seo de bheocht na chéad teagmhála ag teacht le léargais na síceolaíochta ar thaithí máithreacha altrama (féach Eileen Conway 2004: 191). Nuair a cheiliúrtar teacht na chéad ghlúine eile, mar a dhéantar sa dán 'Do Mhaoilre', tá sé mar a bheadh an roth casta go hiomlán agus go bhfuil an garpháiste mar léiriú ar éifeacht an altramais. Tagann cuimhne na máthar isteach sa scéal arís, agus fáiltítear roimh bhean a mic mar léiriú ar an gcreideamh go sáraíonn an caidreamh lánúine difríochtaí cúlra agus cine:

Mo ghraidhn go deo do mháthair dheas,
    Í gleoite, geanúil, álainn,
Mo ghraidhnse fós é t'athair dil
    A d'oileas féin 'na pháiste;
Fuil theasaí na hAfraice,
    Fionnuaire an iarthair ársa,
Do cumascadh id cholainnín
    Chun ratha is chun sláinte.

[...]

Planda beag iolfhréamhach tú
Thug toradh os chionn gach áirimh. (2011: 210)

Is lú an léiriú a fhaightear ar fhás is ar fhorbairt na hiníne. Mionradharcanna is mó a chuirtear ar fáil, áit a mbíonn béim ar áilleacht agus ar ionracas an chailín óig: 'Mo chailín catach, gleoite mar bheadh leanbh an tuincéara!' (1987: 100); 'Neach beag baineann gan cur i gcéill' (1987: 108-9). Is mar dhuine atá as láthair a thagraítear di i ndán eile:

Cheannaíos cheithre *chopanna*,
Chuireas cheithre phlátaí ag téamh,
Sarar chuimhníos go rabhais imithe ar saoire –
Creid mé leat, a chailín bhig,
Bhí éachtaint ann ar chumha go héag! (1987: 110)

Is é an dán is mó a léiríonn ról na hiníne sa teaghlach ná an dán 'Máiréad', áit a bhfaightear peannphictiúr de bhean chiúin bhuanseasmhach:

An bhuaintseasmhacht, an ciúineas, go dtí go mbriseann
Uirthi a gean gáire: ritheann drithleoga solais
Ar fuaid na láithreach. Is í aeráid an teaghlaigh í,
Caoin suáilceach, dea-oibreach, ár ndúnáras iontruist.
(2011: 220)

Cé go bhfuil blas an-choinbhinsiúnta ar na mothúcháin atá á léiriú i gcuid de na dánta a bhaineann le grá máthar, tugann leanúnachas an téama seo i saothar Mhac an tSaoi – agus éagsúlacht na gcaidreamh a spreag é – an-léargas dúinn ar luachanna comhdhaonna nach mbíonn á scrúdú an oiread sin san fhilíocht chomhaimseartha. Léirítear imní ban timpeall ar chúrsaí caidrimh, toirchis agus máithreachais i ndánta áirithe. Sa liric dhrámatúil 'Slán na mná coigríche' sa chéad chnuasach féin, mar shampla, iarrann bean óg cead 'go ngoilfead an chlann úd ná tógfad choíche/ Clann mar ba dhual dóibh siúd a chothaigh is a d'oil mé im leanbh . . .' (1956: 53). Léirítear comhbhá an fhile leis an mbean bhreá nach raibh an pósadh i ndán di sa dán 'Iníon a' Londraigh' in *Codladh an ghaiscígh* : 'Scéal ar iníon a' Londraigh, an planda d'fhás sa bhfoithin/ Gur iompaigh críon is feoite gan lámh a theacht 'na gaire . . .'(1973: 13). Ar an taobh eile den scéal, tugtar guth sa dán 'Tormas na mná óige' d'imní ógmhná a shíleann nach bhfuil sí réidh fós don bhreith clainne:

> Caoinim mo chabhail aineolach,
> Mo gháire ar nós an linbh,
> Caoinim ise ba mise . . .
> Is cromaim arís fén ualach
> Ná feadar an gcuirfead díom –
> Ó! táim ró-óg chuige –
> Tá foghlaim fós uaim. (1999: 27)

Tagraítear i dtéarmaí amhrasacha do thógáil leasmháthar sa dán 'Iníon a' Londraigh': 'Leasmháthair 'sea do thóg í;/ Ní bhfuair taithí na leisce!' (2011: 114) ach faightear léiriú iontach dearfach ar an leasmháithreachas i saothar Mhac an tSaoi trí chéile. Léirítear an grá máthartha mar fhás nádúrtha sa dán 'Do mo bheirt leasiníon' (2011: 166), ina dtugtar aitheantas don ghaol cleamhnais a thug an mháthair agus na

leasiníonacha le chéile. Luaitear mórphléisiúr na chéad-
teagmhála agus an fhorbairt a tháinig ar an ngaol le himeacht
aimsire. Léirítear an chomhthuiscint atá eatarthu anois mar
mháithreacha clainne:

> Mar a bheadh dhá dhuilliúr ag rince ar an ngaoith,
> Facathas dom mo leasiníonacha tamall sarar phósas a
>   n-athair.

> Le mac a bhí mo thnúth –
> Má sea, d'aithníos 'na láthairsiúd
> 'Aeraí 's a leochailí de neacha iad cailíní beaga.

> [. . .] Chonac iad le súile a n-athar,
> Níor ghleoite liom aon bheirt leanbh riamh ná iad:
> Beirt ghearraphearsa, muirneach, muiníneach, muinteartha,
> Lán d'éirim an ghrá . . .

> Im shaol mar tá anois ann bíonn phéire dhe mhná óga:
> Máithreacha clainne iad, ag druidim i leith mheánaosta.
> Is staidéartha go mór iad ná mise.
> Orthu mo bhraith go léir ó cheann ceann na seachtaine,
> Agus ó am go céile, de ruball fiarshúile, airím is mé ina
>   n-aice
> Mar a bheadh dhá dhuilliúr ag rince ar an ngaoith.
> (2011: 166)

Is athdhearbhú ar ghrá sin na leasmháthar an dán gearr
'Sean-ghrianghraf de bheirt ghearrchaile', agus na cailíní
beaga á bhfeiceáil mar a bhí an uair sin agus mar atá anois:

An dá aghaidh bheaga, rúnda, gheala ag féachaint aníos
   orm,
Mar a bheadh samhraicíní fé chab lice sa tsneachta;
Mé gafa i mistéir lán na pearsantachta;
An deorantaí dhom anois iad, fásta 'na máithreacha áil,
Ná mar 'bhíodar an lá san, nuair 'chonac den gcéad uair
   iad? (1999: 47)

Díol suime arís sna dánta seo is ea an bhéim ar mháithreachas
na leasiníonacha, amhail is gurbh í staid an mháithreachais
is bonn don chomhthuiscint agus don chomhbhá eatarthu.
Nuair a cailleadh duine de na leasiníonacha, Kate Cruise
O'Brien, go hóg sa bhliain 1998, chum Máire Mhac an tSaoi
caoineadh ar iarratas óna fear céile (Conor Cruise O'Brien
1998: 3-4). Tarraingíonn an dán a chum sí ar an ócáid sin an
teaghlach ar fad isteach sa chuntas ach tugtar aitheantas ar
leith do chumha na dtuismitheoirí bitheolaíocha:

Caoineann a cairde raidhse a hábaltachta
Agus a féile;
Caoineann a fear bean chéile thaodach, chaoin,
An mac a mháthair . . .
Ach a máthair sise?
Agus a hathair?
Cé léifidh a ndólás?

Bearna san ál –
Na gearrcaigh eile cloíte –
Cúlaím uaidh sin . . .
Cuimhneoidh mé ar an ngearrchaile gleoite –
Fé mar a gháir sí!

Sarar luigh ualach a buanna
Anuas ar a guailne. (1999: 48)

Tá gné seo an teaghlaigh faoi threis ó thús deireadh i saothar Mhac an tSaoi, mar atá an tuiscint gur cuid de chomhluadar níos mó i gcónaí an mháthair agus an t-athair, an mac agus an iníon. Féachann dánta áirithe ansin ar impleachtaí an ghaoil mháthartha d'fheasacht pholaitiúil na mná.

Eitic an chúraim agus an smaointeoireacht mháthartha

Tá an ghné thraschultúrtha an-tábhachtach i ndánta áirithe le Máire Mhac an tSaoi agus is minic a shíneann an fhreagracht mháthartha amach thar an gcomhthéacs pearsanta teaghlaigh. Is amhlaidh a thugtar le fios i ndánta ar leith gurb é déine na mothúchán atá ag an máthair dá páiste féin a spreagann an fhreagairt pholaitiúil. Feicimid an mac á bhreithniú ag an máthair sa dán 'Pádraig roimh an mbál', mar shampla, agus suntas á chur aici ina chuid guailne, ina chuid éadaigh, agus ina dhreach go ginearálta agus é réidh le himeacht. Ansin, aistrítear sa dara cuid den dán chuig láthair eile ar fad, agus feictear ógfhear á réiteach féin le dul i mbun troda ar son a mhuintire i Nicaragua:

II
Ar thalamh Nicaragua,
I scrogall an domhain tiar,
Tá comhaos Phádraig
Ag troid ar son an dúchais
Agus ar son na mbocht.

[. . .]
A Íosa, níl iontu beirt ach garlaigh!
Cá n-iompód mo cheann
Go n-éalód ón gcásamh?
Ón míréasún?
Conas is féidir liom mo thoil a chur
Le toil mo Dhé?

III
Gach lá dá maireann Pádraig
Is údar gairdeachais –
I Nicaragua,
Do ghléas an deartháir beag,
Iarmhar an áil
Clown-suit air féin,
I leith is go ndíbreodh san
Buaireamh na muintire
Agus an sinsear as baile –
Níl ionam guíochtaint ar son mo bhuachalla,
Gan buachaill na máthar eile
A theacht im cheann. (2011: 156-60)

Is léiriú paiteanta é an dán seo ar an smaointeoireacht
mháthartha agus ar an ngrá caomhnaitheach i dtéarmaí
teoiriciúla Ruddick (1983; 1987; 1989) agus Eva Feder Kittay
(1999), sa mhéid is go bhfuil an fhreagracht mháthartha á
leathadh ón gcomhthéacs pearsanta go dtí an comhthéacs
sóisialta agus domhanda. Díol suime sa dán seo is ea an
tagairt don chreideamh; mar a chonacthas thuas, tá an
creideamh i dtoil Dé fite fuaite tríd an insint i roinnt mhaith
de na dánta máthartha ag Máire Mhac an tSaoi agus is

annamh a cheistítear é. Is é bua na filíochta mar réimse dioscúrsach, áfach, ná go gcuimsíonn sí na contrárthachtaí móra i saol an duine. Tá léiriú an-ghléineach air sin sa dán áirithe seo ach tá contrárthachtaí, défhiús agus déchiall le feiceáil freisin i ndánta eile ina dtagann an réimse pearsanta príobháideach agus an réimse poiblí le chéile.

Díríonn dánta áirithe ar ócáidí ar leith a spreagann comhbhá nó a éilíonn scrúdú coinsiasa, ach a dtagann fonn cosanta na máthar idir í agus aon ghníomh radacach ar son idéal an chirt. Scata radharcanna atá sa dán 'Gníomhartha corpartha na trócaire', spléachadh ar ócáidí carthanachta ar dtús: cuairt 'ar thuairisc na seanamhná san óspaidéal' agus déirc á dáileadh ar 'an bheirt leanbh crapaithe ar chlár an droichid / Gorm ón bhfuacht'; agus ansin tagairt don bhean chomharsan a chaill a mac i dtimpiste agus a mbítear ag teitheadh roimpi mar go bhfuil a bris rómhór agus go bhfuil eagla ar an máthair (arb í pearsa an dáin í) go ndéanfar dochar dá clann féin. Dán cumhachtach é an dán seo a thugann aghaidh an-phearsanta, an-mhacánta ar theorainneacha na comhdhaonnachta, á nochtadh i dtéarmaí traidisiúnta chumhacht na súile éadmhaire:

Bím i gcónaí ag teitheadh roimpi,
I bpoll tarathair más gá san –
Ba gheall le déirc fanúint léi
D'fhonn babhta comhráidh léi –
Ach ó d'imigh an gluaisteán san thar a maicín mánla
Níl ach an t-aon ábhar cainte amháin aici –
Is bíonn imshníomh orm go gcoireoidh sí mo bheirtse
I mbarr a sláinte.

Bhíodh fáilte isteach roimh chlann na gcomharsan –
Tá sneá anois i gceann Phádraig is caithfear a bhearradh!
(2011: 128)

Admhaíonn Sara Ruddick gur idéal í an chomhbhá mháthartha atá le dearbhú mar chuid den eitic fheimineach sa réimse poiblí (1987: 251). Scrúdaíonn filíocht Mháire Mhac an tSaoi an t-idéal sin ar bhealaí éagsúla. Bá tuismitheora le teaghlach eile a chaill a n-iníon go hóg atá á nochtadh sa dán 'Fuair sí cuireadh na Nollag . . .' ach sa chás seo is amhlaidh atá náire á lua leis an mothú comhbhróin, náire mar go maireann a hiníon féin slán:

Connlaigh fé iamh an teampaill ó ghoimh na haimsire
Agus ón éagumas cosanta –
Bás mná óige is taoscadh ar chuisle treibhe –
Cúb chughat féin le náire go bhfuil ag baile romhat
Do rós i ngarraithe, t'iníon, an cailín álainn,
Agus an lánú chomharsanta, ar sheomra folamh
Fillfidh, is ar aithleabaidh –
A n-eilit léimte! (2011: 190)

Ábhar a thagann chun cinn minic go leor i saothar Mhac an tSaoi is ea ceist ról na mná sa teaghlach. Mar dhuine a raibh poist thábhachtacha aici i réimse na taidhleoireachta, ach a chaith blianta ina dhiaidh sin i ról tacúil na mná céile agus na máthar, ní hiontas ar bith go mbeadh an gaol idir na rólanna éagsúla sin ar chúl an léirithe a thugann sí ar an gceist seo. Arís, mar is dual do Mhac an tSaoi, ní fhéachtar le dearcadh simplí a chur chun cinn. Tá ráiteas radacach polaitiúil le fáil sa dán gearr 'Cré na mná tí', mar shampla, sa mhéid go ndiúltaítear ann don tuiscint gur gá rogha a dhéanamh idir seirbhís agus saoirse chruthaitheach:

> Coinnibh an teaghlach geal
> Agus an chlann fé smacht,
> Nigh agus sciúr agus glan,
> Cóirigh proinn agus lacht,
> Iompaigh tochta, leag brat,
> Ach, ar nós Sheicheiriseáide,
> Ní mór duit an fhilíocht chomh maith! (2011: 130)

Tagann sé seo le bunléargas Eva Feder Kittay go gcaithfear cúram a dhéanamh de na cúramóirí má táthar leis an gcomhurraim dhaonna a bhaint amach (1999). Admhaítear sa dán íorónta 'Mutterecht' go bhfuil ceist na freagrachta maidir le cúraimí teaghlaigh le hoibriú amach ag gach uile ghlúin, agus nach leor feasacht fheimineach ná streachailtí polaitiúla tréimhse amháin le hidéal an chomhionannais a bhaint amach don chéad ghlúin eile:

> Tá barraíocha mo mhéar
> Lán de ghága, de ghearbacha;
> Ní réitíonn an sobal leo.
>
> Idir bhail agus bhinib
> Cuimhním ar mo mháthair
> Agus ar mo sheanamháthair;
> Shaothraíodar araon lena ré . . .
>
> D'fhonn ná teanntófaí
> Sa chistin mise
> Os chionn an dabhaigh ag níochán. (2011: 162)

Sa dán drámatúil 'Neamhscéal', feictear an mhian éalaithe ó shrianta an tí agus an teaghlaigh agus nochtar an tuiscint go sáraíonn mianta an duine chun saoirse na rólanna sóisialta atá bunaithe ar inscne agus ar ghaol teaghlaigh:

'Aithne an duine aonair
Air féin, ní fireann ná baineann;
Ní hathair é ná máthair clainne,
Ní céile, ní cumhal ná buime –

'Ar nós na maighdine mara
Tá ár n-aimsear comhlíonta;
Chughaibh mé, a bhóithre Éireann!
Chughat mé, a shruth na díleann!'

Dúisítear óna taibhreamh í, áfach, agus glacann sí leis nach féidir léi éalú:

Tuigeadh di ansan ná fuair sí
Tuistiún rua 'na póca;
Gan airgead bus ná traenach
Ní hinéalaithe sa ló so –

Thriomaigh sí an t-uisce súl,
Ghiortáil sí an práiscín uimpe,
Scaoil sí an sconna san iomar
Ar na háraistí 'bhí gan nighe ann. (1999: 11)

Is é an dán is mó a léiríonn dearcadh polaitiúil Mháire Mhac an tSaoi ná an dán 'An fuath' a cumadh sa bhliain 1967 le haithris mar chuid de thaispeántas sráide a d'eagraigh an drámadóir John Arden in éadan chogadh Vítneam (Cruise O'Brien 2003: 292-3). Bheifeá ag súil i ndán den chineál seo le ráiteas láidir frithchogaidh, agus díríonn cuid mhaith den dán ar choincheap an fhuatha féin agus ar na tréithe daonna a chothaíonn sé agus a chothaíonn é. Cuntas nithiúil fuarchúiseach a thugtar sa dán agus is é a mhórbhua ná nach ngéilleann sé don chathú maoithneach an fhírinne gharbh a cheilt faoi chlóca na moráltachta. Ina ionad sin, léirítear an fuath mar thréith dhaonna a bhláthaíonn in aimsir chogaíochta, ach, 'idir an dá linn', a chothaíonn an talamh 'mar a mhaireann ár mná's ár bpáistí!':

> Is é a dh'éilíonn an fuath fadfhulang
>   agus fadaradhna,
> Is é a dh'éilíonn an fuath neamhaithne
>   agus daille na foighne,
> Is é a dh'éilíonn an fuath méar shocair
>   ar ghaiste an raidhfil –
> Is ná scaoil go bhfeicfir gealadh na súl
>   mar ghealacán uibh id radharc uait!

> San am a mbláthóidh an fuath troidfear ar
>   thrínsí sráide
> Is leathfar an ghloine bhriste roimh eacha
>   póilíní ar cos in airde –
> Ach idir an dá linn, an fuath, is maith an
>   leasú é ar ghairdín
> Ar dhu'í gain'í idir dhá thaoide –
>   mar a mhaireann ár mná's ár bpáistí! (2011: 108)

Is sárléiriú é an dán seo ar bhua fileata Mháire Mhac an tSaoi, agus ar chumas na filíochta castacht na polaitíochta a léiriú. Ba dheacair an íomhá chlabhsúir – 'du'í gain'í (dumhcha gainimhe) idir dhá thaoide/ mar a maireann ár mná's ár bpáistí' – a shárú mar léiriú ar leochaileacht an chine dhaonna i gcomhthéacs acmhainn mhíleata na mórchumhachtaí domhanda ach baineann an tagairt do 'leasú [...] ar ghairdín' agus an tuiscint ar an gcothú agus ar an gcothaitheacht a bhaineann léi stangadh asainn. Maíonn an file féin gur dán déchiallach é an dán seo, ach braithim féin go bhfuil léargas an dáin ag teacht leis an léiriú ar chastachtaí an tsaoil ina saothar trí chéile. Má tá an chuma ar an scéal i ndánta áirithe go bhfuil idéalú á dhéanamh ar an teaghlach mar thearmann nó ar an óige mar ábhar sóláis don sean, ní bhíonn contúirtí, castachtaí ná éiginnteachtaí agus éagothromaíochtaí an tsaoil rófhada ó láthair an phlé riamh sna dánta.

Tugtar léiriú an-phearsanta ar chastachtaí an tsaoil mhothála sa dán 'Deonú Dé, 1998', áit a luaitear tragóid phearsanta (bás Kate Cruise O'Brien), cruachás céile, agus tragóid phoiblí (sléacht na hÓmaí), ach ina dtugtar le fios – i bhfriotal atá féinchosantach ach a bhfuil blas den ghníomh aithrí le brath air – go leanann an saol ar aghaidh agus nach gcuireann tuiscint ar chruachás daoine eile srian ar an bhfáilte a chuirimid roimh na maitheasaí:

Táim náirithe;
I mbliain seo an uafáis
Tá Dia baoch díom.

'Kate, a leanbh
Go raghad 'on úir leat
Ní scarfaidh do chuimhne liom –
Ach thugas mo chuaird ar Woburn
Agus ghnóthaíos duais an Oireachtais.

A chéile na n-árann,
Tuigim don gcruachás agat –
Ach tháinig trís a' bpost chugham
Sicéad uaine,
Agus rúnaíonn sé go beacht.

A mhuintir na hÓmháighe,
Maith dhom é:
Chuireas pilibíní 'on oighean
Agus thánadar amach ar fónamh.

Tá an tig lán de ghaolta
Agus de lucht páirte;
Réitíonn siad le chéile
Agus tá a riar agam.

D'fheabhsaigh an aimsir;
Seachadadh bachall Pharnell;
Chonac na seolchrainn arda ag cur chun farraige;
Reiceas ar aon ardán sa Daingean le Yevtushenko -
Ní fiú mé na maitheasaí seo –
Ach nára ceilte orm iad. (1999: 56-7)

Mar a deir Marilyn Friedman, agus í ag trácht ar thábhacht na gceangal trascultúrtha don fheimineachas: 'for feminists, "global moral concern" does not mean the practice of exactly equal consideration of the interests of all individuals, but it does mean substantially more concern for distant or different peoples than is common in our culture and our time' (1991: 175). Is i dtéarmaí an chreidimh i ndeonú Dé a dhéantar réasúnú ar an mbearna idir an chomhbhá agus an ghníomhaíocht pholaitiúil sa dán seo, ach tá cumhacht an dáin ag brath ar an tuiscint nach ionann teanga an choinsiasa agus teanga an ghrá.

Conclúid

Má bhí an cúram máthartha chun tosaigh sna dánta is luaithe le Máire Mhac an tSaoi, tá guth na máthar fós lárnach sna dánta is déanaí atá cumtha aici. Bheifí ag súil leis sin i ndánta a cheiliúrann áilleacht agus fuinneamh na garchlainne nó i ndán a aithníonn caoineas agus buanseasmhacht iníne. Tá casadh i gcónaí le baint as guth na máthar i ndánta Mhac an tSaoi, áfach, agus is amhlaidh a chuirtear le dínit an léirithe ar an ngrá lánúine nuair is mar chaidreamh mná le 'leanbh fir' a léirítear an dílseacht agus an cúram go deireadh:

> Ar deire thiar dhein éan de –
> Peata éin.
> Chruinnigh éanlaith na coille ag an bhfuinneoig,
> Ag faire air á bheathú –
> Bhain grásta leis an uain sin,
> Le radharc na spéire agus
> Le humhlú na gcrann fén ngaoith –
> Le mo sheanduine, le mo leanbh fir. (2011: 218)

A NATIVE POET

John Jordan

Others, more competent than myself have commented on Miss Mhac an tSaoi's technical accomplishment and her sympathy with the genius of the Irish language. This Irish poet has learnt her trade. But what makes this book so exciting is more than the writer's care for form, and its evidence of pride of craft. Miss Mhac an tSaoi has a poetic voice with its own unmistakeable *timbre*, and what she has to say adds up to an unrigged vision. There is no trace in her work of synthetic emotion, nor of the self-consciousness which frequently clogs the work of those who enter into the dangerous ground Miss Mhac an tSaoi has chosen. She is a lyrical analyst of the stresses laid by time and human incapacity on love and friendship in their growth, blossoming and withering.

But though her profound tragic sense teaches her that human relationships, whether casual and brief, as in 'Jack' or deeply rooted in 'Do Shíle' and 'Finit' are doomed to perish, she does not reject them on that account. The poems mentioned are crystallisations of the mingled emotions of regret, accquitance and gratitude for the privilege of having known human beings. Underlying, serving this gratitude, there is an impersonal compassion for her subjects: they cannot remain as she has seen and known them but must travel on to their common unspectacular destinies, *dála cháich*.

The honest eye

But Miss Mhac an tSaoi's range goes beyond acceptant elegy for those seen once or more, and remembered in a Proustian radiance. She is a prober of the condition of love, and no living Irish poet has brought more honesty and insight to the subject. This is a large claim, but to those with Irish, a reading of 'Freagra' and the astonishing 'Ceathrúintí Mháire Ní Ógáin' should be sufficient confirmation. The first suggests that at last a European mind is at work in Irish verse (i.e. verse written in Irish), and the Quatrains are, unquestionably, the finest sequence of their kind written in Irish since the efforts to create in the revived language began.

What is most important is that this sequence stands comparison with the greatest of its kind in English, of our time: I mean the love and desire poems of the ageing Yeats. Here Crazy Jane and the Hag of Beare come together, and the resultant utterance is contemporary and timeless. I cannot quote here more than a single quatrain from this anatomy of passion:

> Tá naí an éada ag deol mo chí'se,
> Is mé ag tál air de ló is d'oíche;
> An gárlach gránna ag cur na bhfiacal,
> Is de nimh a ghreama mo chuisle líonta.

Miss Mhac an tSaoi has many other poems worthy of comment: I would single out 'Deireadh Fómhair 1943', in which jealousy, *an gárlach gránna*, is treated more obliquely, and 'Comhrá ar shráid', one of the poems which remind us that this European, born in Dublin, is what she is as much through her love for the Kerry Gaeltacht as through her (what Mr. Kavanagh might call) 'reverence for life'.

Translation

Finally, I must note Miss Mhac an tSaoi's translation of the first three stanzas of the dirge for Imogen-Fidele in *Cymbeline*. It is as near to perfection as translation can be:

> Teas na gréine ort nár ghoille,
> Ná sa gheimhreadh fraoch na spéire;
> Níl anso do riar a thuilleadh,
> Tabhair abhaile luach do shaothair –
> > Óige fhionn is fear na scuaibe
> > Mar a chéile déanfaidh smúit díobh.

Have I over-praised? Well, I've over-praised. I have not attempted, however, what I believe these poems will readily stand up to: examination in the light of the techniques of close verbal criticism. A native speaker who knows his Empson might have a look at, say, the poem called 'Jack', and especially the second stanza. In the meantime, let all who have Irish listen to this mature and humble voice.

– Léirmheas ar *Margadh na saoire* (1956),
Irish Times 23 February 1957

'FOR NOTHING CAN BE SOLE OR WHOLE THAT HAS NOT BEEN RENT'

Torn motherhood in Mhac an tSaoi's 'Love has pitched his mansion . . .'

Patricia Coughlan

My mother had to sever some part of herself to let me go.
I have felt the wound ever since.
    Jeanette Winterson

[. . .] But Love has pitched his mansion in
The place of excrement;
For nothing can be sole or whole
That has not been rent.

This essay focuses on a powerful, enigmatic and disturbing poem which richly repays attention.[1] It reveals important aspects of Máire Mhac an tSaoi's vision, notably in respect of her representations of femininity and of motherhood, connecting with some of her most celebrated earlier work. 'Love has pitched his mansion . . .' uses a rich and complex range of symbolic material; the content of its very narrative is puzzling, the nature of its narrator opaque, and it conspicuously withholds the lyric grace and aesthetic repose achieved in many other of her poems. Attempts at a unified reading tend to be ghosted by other possible meanings, and the poem's texture is pierced by shards of intense feeling: anxiety, rage, and violent impulses of disavowal, betrayal and injury.

An cailín mánla deoranta nár dhual di an obair tháir
    seo,
Do tháinig sí croíleonta le héileamh chugham ón
    mháthair;
'Comhairigh an uile ghiobal beag a bhaineann le mo
    pháiste,
Cuntais iad go scrupallach, ná fág aon loc gan
    áireamh,
Má fhanann oiread 's bríste amú, tá an lios i ngreim
    im bábán –
Is dá fhaid ó bhaile a scarfam iad, 'sea is mó dá
    chionn a thnáthfaidh!'

'*Ním agus glanaim*,' ar seisean, '*agus scagaim mo dhá
    láimh Ann!*'...
I mbríste beag an cheana, banúil, breacaithe le
    blátha;
Cuirim tríd an sobal é, rinseáilim agus fáiscim –
Níl naomh a thuigfeadh m'aigne 'stighse ach ab é
    Píoláit é!
Solas na bhflaitheas dá anam bocht go ngnóthaí an
    níochán so!
    Amen!

Aithis chun scrín na baindé gur tearmann di an t-ard
beag!
Do stolladh fiail an teampaill mar do thairngir an
fáidh é!
Scaoilim an t-iarann ar an éadach is is clos dom an
t-éamh ag Reáime –
Agus tugaim uaim an t-altram is a balcaisí pacáilte ...
De gháire na nathrach seanda, de gháire na
leasmháthar! (2011: 132)

The gentle girl from far away, not bred to this rough work,
Came to me sore-hearted, with this charge from the mother;
'Count every single garment belonging to my child,
Make a careful tally, leave no rag from the reckoning:
If so much as a knickers is lost, the lios will get my little one –
And the farther from home these clothes go, the more she'll
waste away!'

'I wash and clean', he said, 'and scour my hands of Him!'...
In the small knickers love chose for her, feminine, flower-
patterned;
I put them through the lather, I rinse them and I wring –
No saint would understand my mind, only Pontius
Pilate!
May this washing gain heavenly light for his poor soul!
Amen!

An insult to the goddess-shrine, her sanctuary on the height!
The veil of the temple was rent as the prophecy said!
I let loose the iron on the fabric and I hear the cry of
Ramah –

The fosterling I send packing, with every shred of her stuff . . .
And I laugh like the serpent long ago; I laugh like the stepmother!

(my translation)

Introduction: What happens in the poem

The central interpretative problems are the identification of the speaker and the nature and significance of her actions, feelings and thoughts. Who is this housewife or mother-figure for whom the gentle foreign girl comes to work, evidently in some subaltern role? On her arrival she is already 'croíleonta' – heart-wounded – by the break with 'the mother'. What indeed is this 'rough work' that she must now do and for which she is ill-suited? May she be a 'cailín aimsire', a domestic servant like those many girls from rural Ireland in the past, sent to work in more affluent town and city households or on farms, like Peig Sayers and hundreds of others? This seems initially to make sense of this first sending away, together with her clothes, by (presumably) her own mother. But the latter's solemn injunction, not to lose or let go a single one of these garments but to account carefully for every shred, has a mysterious intensity which quickly removes the narrative from a social-realistic milieu, and into a symbolic one. We recognize, from vernacular beliefs about fairy abduction, the *lios* which, the mother insists, will get her into its grip if every garment is not scrupulously tallied and conserved. But where and what corresponds to such abduction to the *lios* and detention within it: what, here, does the *lios* stand for? The final line of stanza one complicates the matter when it mentions the danger of carrying off the girl to any great distance: seemingly it is this 'scar[adh] ó bhaile', literally this separation from home, which will lead inexorably to her 'tnáthú' or wasting away (see Bourke 1992).

Stanza two begins with an apparent swerve from this first narrative situation. It quotes Pilate's notorious disavowal of Christ, brought before him for judgement, from the devotional poem 'Caoineadh na maighdine' (Partridge 1983: e.g. 175-86). But Pilate's hand-washing is then echoed and amplified by the speaker's over-energetic and quasi-obsessive laundering of the girl's knickers. This process of putting them through the lather, then rinsing, wringing and ironing them, continues into stanza three. It becomes disturbing for the reader: one can hardly avoid recognizing such vigour expended on a minor domestic task (with a concentration similar to that of 'an mháthair' in stanza one), as a displacement of anger from somewhere else. This state of unease is exacerbated by the focus on the undergarment worn closest to the girl's body, its marked flower-patterned femininity and its smallness, replacing our earlier tentative understanding of the new arrival as an adult or late-adolescent girl and showing her to be a small child. Yet it is the adult speaker, the one in charge and doing the washing, who expresses such mental suffering that she identifies perversely with Pilate. Despite his universal execration in Christian tradition, she proclaims pity for him, rather than for Christ his victim, and even, in a quasi-blasphemous gesture, dedicates her own washing to the salvation of his 'poor soul' and cries 'Amen!' to her own wishing him heavenly light.

The final stanza starts by again disorientating the reader. The prayer for Pilate affronts even the pagan goddess in her shrine on the height, recalling the rending of the temple veil in Jerusalem at Christ's death; will this make the narrator repudiate her own sympathy for Pilate? If this invocation of the Magna Mater – or the Irish sovereignty-goddess, discussed extensively by the poet in a 1983 lecture – steps momentarily outside the poem's strongly Judaeo-Christian framework, in the event it does so to align pagan with Christian mythology by immediately citing the tearing of the veil (Mhac an tSaoi 1983). This tearing of fabric is also symbolic, suggesting a tearing of human bodies and, as noted in my title, it echoes Yeats's poem. But far from altering her stance, this obsessively cleaning and making-proper mother-figure now 'lets loose' her iron on the cloth of the small knickers. As she does, she hears 'the cry from Ramah'. This echoes the biblical passage 'in Ramah was there a voice heard, lamentation, and weeping, and great mourning, Rachel weeping for her children, and would not be comforted, because they are not' (Jeremiah 31:15). In Jewish scripture, Ramah stands for the killing of Jews and their sending into Babylonian exile; in Christian tradition the grief of Rachel, one of the principal mother-figures in Judaism, is extended to Herod's slaughter of the innocents (Matthew 2:16-18). The Rachel allusion has powerful associations with other ideas relevant to the poem, some subliminally: besides the killing of children, it connotes infertility, causing grief and guilt, and surrogate motherhood via the servant-woman Bilhah who bears 'her', Rachel's, sons to Jacob (Genesis 30:1-8, 31:15; Jeremiah 40:1).

The narrator's extraordinary embracing of guilt crystallizes in the key moment of the poem: 'The fosterling I send packing ... /And I laugh like the serpent long ago; I laugh like the stepmother!' In orthodox Christian tradition the serpent is telluric adversary of the sky-woman represented by Mary (avatar of the goddess, in comparative-mythological terms): a familiar image, seen in statues of the Virgin crushing the serpent's head in Catholic schools and churches all over Ireland. So, as with Pilate, to identify with the serpent is perverse. The stepmother's laugh comes from the Grimms' 'Snow White' where the wicked stepmother laughs once she has, as she thinks, killed off Snow White with the poisoned apple; and, strikingly in the context of this poem, her name confirms that she is not in need of purification.

The most pressing question is: what happens to cause the speaker so painfully to disavow the child and wash her hands of her? She washes, rinses, wrings and irons, with every appearance of care and exactness in tallying the items as enjoined, but after all this brusquely rejects their wearer: 'tugaim uaim an t-altram'. What is her motivation?

Interpretation

I interpret the poem as follows. The poem's 'I' is a transnational adoptive mother, who, shockingly, identifies herself with 'bean an leasa', the fairy woman believed to steal human children; her house is the 'lios', and the 'máthair' is the birth mother who is giving up her child.[2] To combine adoptive mother with evil abducting fairy-woman is a startling and painful conjunction; this is a text which voices an intense anxiety of emotional incapacity to give loving care to, as distinct from hygienically controlling, the child other. It is a remarkable expression of those darker affects which many parents may experience but whose voicing is taboo.

If indeed we see the speaker as self-identified with 'bean an leasa', then in turn with Pilate who disavows Christ, with the serpent, and with the evil stepmother, we are in a position to recognize the poem's powerful and courageous gesture. It names and enacts the fear of not being, in Winnicott's famous phrase, the 'good-enough mother' (1971: 13). This use of the fairy-abduction motif to explore real-life adoption is as brilliant as it is disturbing. When once we grasp the repugnant casting of the poem's persona as the abductor, the mention of 'an obair tháir seo', 'this rough work', is explicable literally (so to speak) as the labour which the fairies were said to demand of their victims, and symbolically as that tough emotional work of adaptation to a radically different life entailed by the family incorporation of a 'foreign' adoptee, often from great distances or with ethnic difference, or both. The birth mother's desperate instructions not to separate the child from her clothes and to lose nothing are also readily understood. She is trying to send something across the tear in the fabric of identity between origins and later existence, so that the new life of the 'bábán' will retain some shred or rag of her first home.

In the rest of this essay I first explore the various contexts, biographical and textual, which generate and support this reading, then the originality and prescience of its representation of mothering, and its role as an early exploration of adoption. In conclusion, I discuss Mhac an tSaoi's use of the Yeats poem quoted in her title, and the power with which she infuses the two key recurring images of her poem – washing and rending – to anatomize human attachment in the vital instance of parent-child relationship.

Biographical and textual contexts

In what must have been some of the earliest instances of Irish transethnic adoption, at the end of the 1960s Mhac an tSaoi and her husband, Conor Cruise O'Brien, adopted an infant boy, Pádraig, then a girl, Máiréad, both of mixed Irish-African ethnicity. Her autobiography explains two occasioning factors of this: one was the couple's deep attachment to Africa, the other their desire to have children, disappointed by an extra-uterine pregnancy early in their marriage (2003: 298). Her many poems of loving affection about both children are familiar to readers and, as Nic Dhiarmada observes, the family's life together is the manifest context, and often the subject, of all the work beginning with *Codladh an ghaiscígh* (1973), and contrasting with the conventions of lyric concealment predominating in *Margadh na saoire* (1956)

Notably, considering its enigmatic and harsh qualities, 'Love has pitched his mansion . . .' opens the collection *An galar dubhach* (1980: 9-10). It is immediately followed by a warm and loving poem, in realist mode, about five-year-old Máiréad's first visit to the hairdresser's (1980: 11). But this everyday event in childrearing has a melancholy undertow. The child weeps at losing her curls, in a distress twice described as fear ('sceon' and 'sceimhle'), hiding her shorn head on the lap of her mother who, gloomily and without differentiation, enumerates the phases of femaleness awaiting her – menstruation, love, marriage, childbearing –

as all 'gaiste an mhóramha' ('the snare in which most are caught') and finally reads hatred for womanhood itself, 'fuath don mbaineann' ('hatred for the female'), into the child's emotion.

The negative cast of this feminine life so pre-envisaged is dismaying, but it accords with the downbeat and depressed sense of women's lives which characterizes much of Mhac an tSaoi's poetry. Her 1948 short story 'An bhean óg' is remarkable for balancing a young mother's attentive and loving care of children with forthrightly expressed awareness of the lack of fulfilment in her role of wife and mother, paralleling then contemporary arguments by de Beauvoir and anticipating 1960s Anglo-American feminism, for example Friedan's *Feminine mystique* (Bourke et al. 2002: 1139-41). Nic Dhiarmada has ably contextualized Mhac an tSaoi's work within growing feminist consciousness from the late 1960s on, noting its vigorous participation in the process of strengthening critique and resistance to inherited formations of femininity (24). But her earlier writings already invoked motherhood in dark and troubling ways, and these join the biographical facts as highly suggestive contexts for the understanding of 'Love has pitched his mansion . . .'.

Her most celebrated work, the seven-poem sequence 'Ceathrúintí Mháire Ní Ógáin' (1956), together with the fine, bitter poem 'An dá thráigh', 'conceived as an epilogue' to the sequence, traces a failed transgressive love affair (de Paor 2011: 228). Always at the level of metaphor, these poems repeatedly describe an unloving mother-figure who either wilfully repudiates her infant, or finds herself incapable of nurturing it. The short lyric 'Ceangal do cheol pop' (2011: 124), probably from the early 1960s, in a sense belongs with these by virtue of its startling reference to interrupted gestation and maternal nurture withheld. In all of these, the protagonist castigates herself as failing in the obligations of womanhood, and even presents herself as a predatory anti-mother. This is seen in the fragmentary 'Ceangal', where the apparently light refrain for a (non-existent) pop love-song is suddenly pierced with a shard of grief at either infertility or miscarriage. Addressing a lover journeying abroad, it opens: 'Ait liom go ngeofá slán uaim!/Éaló uaim thar farraige sall!': strange he should get safely away from her, since, it goes on, she carries him inside her very body, where a child would be 'dá mbeadh aon pháiste ann!' ('if any child were there'). The strangeness resides presumably in the fact that an embryo cannot survive outside the maternal body; but the speaker's affect towards the lover too seems, on reflection, oddly threatening. Not only does the poem assimilate or elide woman into mother, in classic Freudian fashion, the whole persona becoming-womb, but worse, this is an unsafe womb, for lack of that good-mother capacity for holding which relational psychoanalysis calls 'containing' (Winnicott 97).

This pregnancy metaphor echoes 'Ceathrúintí Mháire Ní Ógáin', section V, where the unremitting pain of unhappy love is likened to a pregnant woman's constant awareness that she carries the foetus in her body. This is only slightly less disturbing than the savage imagery of section IV of the same poem, where the jealousy she feels in the troubled love affair is described as itself a monster-infant, always feeding from her nipple with a poisonous bite; in 'An dá thráigh', self-culpabilization reaches a peak of intensity when, the relationship now over, she blames its failure on her own incapacity to nurture either herself or the lover: at first she is both the infant dashed from the breast, the calf denied milk, and the one who has torn it away: Frank O'Brien's mention of Lady Macbeth's infant-murdering fantasy is apt (1968: 96).[3] Sexual desire is then figured as a flowing stream at which, in the past, she has felt compelled to drink. However, she has now figuratively become this source, yet cannot assuage her lover's thirst; she is a mountain well yielding only salt water. Worse, in banishing him she has become the mother who aborted the baby she carried because it was not fit to live.

All this amounts to a horrifying internalisation of misogynist destroying-mother stereotypes. Its intensity is scarcely lessened by its being deployed at the figurative level, as part of the troping of failed sexual and emotional attachment, and it has an obvious relevance to 'Love has pitched his mansion . . .', which I read as an experiment in the representation of powerful counter-currents within maternal experience. The self-projection as cruel stepmother we see there clearly in some sense remobilizes this prior self-indictment as unnatural by the persona of the love-poems, though here it may serve to express anxiety on the part of the adoptive mother about her own putative predatoriness.

Mhac an tSaoi and the critique of motherhood

Friedman observes that there is a 'repressed in women's narrative', namely 'what has not or cannot be spoken directly because of the external and internalized censors of patriarchal social order' (1989: 142). This helps to explain the enigmatic, opaque character of Mhac an tSaoi's text. 'Love hath pitched his mansion . . .' coincides with – or anticipates – the series of ground-breaking analyses of motherhood as a social construction emerging after the mid-1970s: an important strand of the poem's meaning is as an act of resistance to essentialist assumptions about mothering. Key milestones in the dismantling of these assumptions are Rich, *Of woman born: Motherhood as experience and institution*, Warner, *Alone of all her sex: The myth and cult of the Virgin Mary* (both 1976), and Ruddick's 'Maternal thinking' (1980), which, somewhat differently, focuses on the coherence of actual practices of mothering, as distinct from the falsely idealized 'perfect mother' projections of ideology.

Setting out to explore the simultaneous 'devaluation of women in other spheres and the pressures on women to validate themselves in maternity', Rich analysed motherhood as a social phenomenon 'embedded in a political institution' rather than purely a natural given (1977: xii). Her insights clarify the mute anger of the poem's narrator: Rich observes that while mother-love is 'supposed' by ideology to be 'continuous' and 'female anger threatens the institution of motherhood', in real people 'love and anger can exist concurrently, along with the fear that we are not "loving" '. Furthermore, since 'the mother's very character, her status as a woman, are in question if she has "failed" her children', grief at felt inadequacy can be translated into 'guilt and self-laceration' (46). 'Love has pitched his mansion ...' vividly exemplifies these workings of 'our cultural ideology of blame and idealization of mothers', internalized by many women (Chodorow and Contratto 1982: 65). Mhac an tSaoi's writing as a whole is illuminated by Suleiman's investigation of 'maternal splitting' and the antinomies of writing and motherhood: both show the complex relation of women's creativity with ideologies of femininity and maternity (1994: 13-55).

These anxieties about adequacy in mothering are matched by women's widespread internalization of social disapproval in another context, that of infertility. The culpabilizing of married-but-childless women about perceived failure to fulfil their role is an international phenomenon. Rich notes how 'throughout received history, the childless woman has been regarded (with exceptions such as the cloistered nun or temple virgin) as a failed woman', and denied what she calls 'the hypocritical and palliative reverence accorded the mother' (251). Such censure was strong in Irish communities: 'Lots of women have no children ... but the men have no value in them if they don't' (Arensberg and Kimball 1968: 201). Infertility was understood as caused by a lack – 'barrenness' – specifically in women: 'childlessness was almost totally blamed on women' (Curtin 1968: 161). The reference to Rachel in 'Love has pitched his mansion ...' is a subliminal allusion to this complex of negative emotion surrounding childless women. Genesis is eloquent here: when Rachel sees 'that she bare Jacob no children', she says to him 'Give me children, or else I die'; and when, eventually, God 'opens' Rachel's womb, she says he has 'taken away my reproach' (30.1-2, 8).

Transnational adoption

The distinguished novelist Jeanette Winterson wrote of her own adoption: 'My mother had to sever some part of herself to let me go. I have felt the wound ever since' (2011: 220). She described her feelings about her birth mother as emotional turmoil, felt contradiction and inner conflict:

I don't know what I feel about her . . . This isn't a head/
heart split or a thinking/feeling split. It is emotional
matrix. I can juggle different and opposing ideas and
realities easily. But I hate feeling more than one thing at
once. Adoption is so many things at once. (228)

While Winterson's perspective is an adoptee's, this strikingly
echoes the affective instability, splitting and sharp swerves
we have observed in the narrative of Mhac an tSaoi's
persona, while her phrase 'emotional matrix' recognizes the
founding role of mothering in identity.

The original mother's warning to keep child and clothes
together has the air of a magic-symbolic injunction which
must not be breached. But this is no mere mysterious
prohibition of the kind often marking human-otherworld
interaction in myth and legend. Considered psychologically,
it is also powerfully resonant. Adoption is an extraordinary
transaction between birth and adoptive parent, intimately
personal yet usually rendered anonymous by circumstances
or social prohibition, sometimes even by law. Read in the
context of this separation of person from origins (this
'rending'), the warning to keep count of the clothes must
really be about the care of the child herself. The birth
mother is sending away her daughter, but tries to ensure that
a set of 'transitional objects' – the clothes – be passed across
what is a painful and momentous divide (on the concept of
the transitional object, see Winnicott 1-34).

This insistence indicates awareness of trauma, not only for
the giving other, but for the girl herself, who indeed arrives
'heart-injured'. It thereby mirrors what is now considered
best practice in the emotional management of adoption,

contrasting with the imperative of previous generations towards concealment from the child of her or his origins. This was usually accompanied by a change of given name, an eloquent indication of the desire of some adoptive parents so far as possible to erase all indications of the child's origins and early experiences elsewhere. These practices, emanating from an era which saw the nuclear family as the centre of social order, subjecting all instances of transgressive or irregular reproduction to disapproval and exclusion, are now considered profoundly mistaken and damaging to all parties. But the attempt to effect an absolute break between a person and his or her birth milieu must always have been an inappropriately controlling one with destructive effects.

In this context, the obsessive washing in the poem finds an echo in the enactment of what Sweden, up to the recent past, called 'clean' adoption, namely one which severed all connections between birth and adoptive contexts, sometimes by law (Yngvesson 2010: 79-81). Yet, because contexts stick to people, even infants, adoption always entails strangeness, at every level from the sensory to the linguistic and the cultural: the adoptee must indeed be 'deoranta' (foreign), and the new (m)other, at the outset, profoundly other.

In the 1970s when this and Mhac an tSaoi's other poems about adoptive mothering were mainly written, systematic regulation of intercountry adoption had not begun to happen (the relevant Hague Convention came into force only in 1995), and in psychology, social policy and even law, this continues to be an emerging field. As Yngvesson, a contemporary authority, explains, adoption is still conceived to some degree as 'a familiar narrative in which children must be abandoned so that the "family" can be preserved' (13). Within what she calls the 'genealogical imaginary' of most societies, neither a birth mother, on the one hand, nor adoptive parents, on the other, are somehow sufficient to be felt to 'constitute a "real" (two-parent, biogenetic) family' with 'blood ties' (25-6; 174-5). In striking similarity to Winterson's experiential account, Yngvesson discerns an inherent tension in 'adoptive kinship', a tension which 'simultaneously constitutes and disrupts' this deeply grounded 'genealogical imaginary' (15). This remains so despite the establishment of a predominant 'liberal legal form of adoptive kinship', seeking to address abuses which particularly surround intercountry adoption. The Hague Convention recognized a need for measures to safeguard children's fundamental rights and prevent 'child laundering' and 'abduction, sale of, or traffic in children' (Yngvesson: 13; Hague Convention.) Mhac an tSaoi herself has execrated Ireland's treatment of babies as 'little bundles of merchandise' in the 'veritable trade with the USA in white babies for adoption' from the 1940s to the 1970s (2003: 299; see Milotte 1997).

She also very frankly expresses what Yngvesson calls the 'disruption' of the 'genealogical imaginary' in 'An t-altram allúrach' (The foreign fosterling), a poem about her son's adoption. It merits quoting for reasons of both parallel and contrast with 'Love has pitched his mansion . . .':

Criosantamam ciar fén mbáistigh mothal a chinn,
Beola ciosiontaithe, Eros nó Tutankhamun,
Aghaidh fidil órga a ghnúis, thar ghaineamh-shleas
    tháinig,
Oíche loigeacha na súl, péarlaí a charball,
'Gus mise an chearc ar gor ar ál anaithnid. (1999: 25)

A dark chrysanthemum in the rain his bush of hair,
His bee-stung lips, Eros or Tutankhamun,
His face a golden mask that came out of a sand-dune,
His eyes night-hollows, his teeth pearls,
And me the hen hatching an unknown brood.

(my translation).

This first exoticizes the child's ethnic difference in almost orientalist mode, but ends disarmingly with the rural-domestic image of a hen hatching 'ál anaithnid', an unknown brood to register the mother's sheer non-recognition of the infant.

The later work broadens and shifts the poet's earlier focus on interiority and individual emotional struggle, registering a broader ideological awareness, in particular via the poems' address to this experience of adopting ethnically mixed children, bringing, as such adoptions do, the majority world willy-nilly into the white family context. Thus 'Do phatalóigín gearrchaile' vividly describes little Máiréad's arrival amid international disturbance and 'fear on the radio', and 'Pádraig roimh an mbál' tempers joy at her Dublin adolescent dressed for a dance with compunction about 'that other mother's son' already a soldier in a Nicaraguan war-zone (2011: 122; 156-160). In this context, the invocation in 'Love hath pitched his mansion . . .' of the cry from Ramah implicitly extends Rachel's maternal sorrow for all lost children to the contemporary era, invoking the wars, massacres and displacements elsewhere which often lie behind the practice of northern-hemisphere transnational adoption.

Washing and rending

Washing, whether of clothes or domestic vessels, is a constitutively feminine activity, figuring negatively in other poems as a synecdoche for housekeeping in general ('Mutterrecht', 2011: 163, 'Neamhscéal', 1999: 11, and 'Sci-fi', 1980: 19). But the washing in 'Love has pitched his mansion . . .', with its invocations of goddess, serpent and stepmother, may generate more sinister echoes too. O'Connor cites international vernacular beliefs about 'restless spirits of women who murdered children' returning as washerwomen 'endlessly washing out the bloodied corpses, or clothes, of the murdered child' (2007: 139).

The poem's symbolic material weaves a texture of its own, drawing us towards deeper meanings. The violent rending of the temple veil complements what the washer 'puts' the garment 'through', described in language carrying a force incompatible with affection or the demands of nurture but entailing an unloving attenuation of the child herself, displaced onto her garment. Furthermore, can the 'excrement' – in whose place 'love has pitched his mansion' – be far from this? Is the (adoptive *lios-*) mother, scrubbing shit from the cloth, not attacking the very stain of human bodily being? 'Scaoileadh', the word used for the ironing, means release or letting out: what is being let out or let fly on the cloth? Hatred? Jealousy? Fear? No wonder she hears at that point 'an t-éamh' (the wail) from Ramah. If the clothes are indeed a metonymy for the child herself, fabric for the flesh it covers, then the *lios*-mother's violent laundering acts out her need to make the girl into what Kristeva calls a 'clean and proper body' (1982: 3). Can what she tries obsessively to eradicate be in fact the child's difference: to wash away the 'excrement' of her origins? Is this because of the alien – 'allúrach', 'anaithnid' – nature of these?

But as Pilate could not cleanse his hands of Christ's blood, which has stayed stuck to them throughout the Christian era, this washing fails to remove the child's strangeness: no purification ritual can, or should, simplify the complexities of embodied being into proper and improper, clean and tainted, native and strange. In all self-other attachment, besides, what is cherished and what is rejected are always inextricably intertwined, and what Kristeva calls the process of abjection – expelling, disavowing – is incapable of completion. However decisively this splinter-self of unloving motherhood may cast away the child – 'tugaim uaim an t-altram', 'I give the fosterling away from me' – and however she may laugh the bitter laugh of serpent and stepmother, she still hears from Ramah the cry of her own alter ego Rachel, with her history of infertility and recourse to surrogate motherhood.

Yeats' Crazy Jane and wholeness

At the poem's threshold, its title calls upon Yeats' rejection, via his Crazy Jane persona, of those body-spirit, immanence-transcendence, and female-male dualisms which run as a fault-line throughout Western thought, blocking human wholeness and self-realisation for either gender. Crazy Jane says 'nothing can be sole or whole /that has not been rent', alluding to the tearing of the hymen which initiates sexual intercourse but, far more broadly, describing the sometimes bruising and never-ending process of self-formation and integration entailed in trying to become 'sole or whole'.

In choosing her title, Mhac an tSaoi might seem to be implicitly adopting Crazy Jane's assertion that love and excrement are indissociable, and that all human things (the self, the body, the forming of attachment) must necessarily be torn in order to achieve wholeness. Yeats is using his persona Crazy Jane (herself an avatar of An Chailleach Bhéarra, whose robust defence of the sexual she echoes) to repudiate the 1930s Irish bishops' horror of the body and especially of the female body (Mhac an tSaoi 1983 quotes 'An Chailleach Bhéarra' in full; and see Cullingford 1993: 235-7). But the speaker of 'Love hath pitched his mansion . . .' in fact has an affinity with the bishop, who urges repentance and asceticism, and with Crazy Jane, none. Fixated on cleansing, she visits this purging on the child at the centre of the poem, of whom we learn only that she is mild or gentle, has been exiled and has suffered emotional injury ('mánla', 'deoranta', 'croíleonta'). The persona is, then, both tearing and herself torn. 'Rent' by guilt and self-blame at her own inability to accept the child with, as we might put it, all her baggage – 'every little bit of stuff that belongs to my child' – yet she cannot quell her own compulsion to scrub at and ultimately to disavow the one who is other. So Yeatsian wholeness and self-completion is never attained. The poem is a dark fantasy of failed mothering, of an abortive attachment in which recognition could not come about: as in the desolating 'An dá thráigh', 'Níor leoite marthain don rud', 'The thing didn't stand a chance' (2011: 96). Therefore, as the veil of the temple was 'rent' at Christ's death, the nurturing bond is twice 'rent': once by separation from the birth-mother, and now again by the failure of the poem's 'I' to love the child in all her difference.

Conclusion

Discussing post-1950 poetry in Ireland, John Goodby contests what he calls 'consolatory' uses of the lyric form, in which contradictions are reconciled and pain assuaged (Goodby 2000: 59, 218, 253). In such texts and such readings, what Beckett elsewhere calls 'the suffering of being' is briefly allayed, momentarily holding sorrow and rage at bay (Beckett 1969: 19). Mhac an tSaoi characteristically withholds such consolation. In so doing, she offers a profound insight into the contention of love and horror within each self, and never more than in the ceaseless and difficult work of human attachment. This text plays out the always-possible failure of love: we may all sometimes hear, and need to hear, the wail from Ramah and the stepmother's laugh.

NÓTAÍ

[1] I thank Seán Ó Coileáin, Bríona Nic Dhiarmada, Lucy McDiarmid, Máire Herbert, Jools Gilson, Piaras Mac Éinrí and Sandra McAvoy for scholarly and interpretative help with this essay.

[2] I thank Lucy McDiarmid for proposing this idea and for much helpful discussion of the poem.

[3] 'I have given suck, and know/How tender 'tis to love the babe that milks me:/I would, while it was smiling in my face,/Have pluck'd my nipple from his boneless gums/And dash'd the brains out, had I so sworn as you/Have done to this.' *Macbeth* I. vii.

'VÉNUS TOUT ENTIÈRE'?

An grá agus an tsaoirse in 'Ceathrúintí Mháire Ní Ógáin'

Máire Ní Annracháin

I leagan Racine de scéal Phéadra, i ndráma dar teideal *Phèdre*, thit Phéadra, athbhean an rí Theseus, i ngrá le Hippolyte, mac a fir agus a leasmhac féin. Bhí alltacht uirthi, agus i dtosach bhí sí gránna leis, mar ní raibh sí ag iarraidh aon chol a shárú, agus ar aon nós is beag rud is contúirtí ná feall a imirt ar rí le fear ar bith eile, gan trácht ar a mhac féin. Is mór idir seo agus an gaol tacúil grámhar a chuireann Máire Mhac an tSaoi i gcás maidir le clann iníon a fir féin i ndánta ar nós 'Do mo bheirt leasiníon' (2011:166) nó arís 'Sean-ghrianghraf de bheirt ghearrchaile' (1999: 47). Is fada é freisin ó chás Róis Ní Thuathail in 'Gleann Maoiliúra', dán le Biddy Jenkinson ina dtugtar le fios gur fíorchoimhlint, agus ní grá faoi chló na coimhlinte, a bhí idir an bhean chéile agus clann na chéad mhná:

> Sadhbh, iníon Dhomhnaill Mhic Chathaoir, athbhean
> Fhiachaidh,
> cé fada faoi leaca liatha agus iúr dubh Dhíseart
> Chaoimhín

dom iniúchadh lena súile gorma
trí shúile Thurlaigh
trí shúile Fhéilim
trí shúile Réamainn
is trí shúile seabhcúla Mháiréid. (1991: 98-9)

I ndráma Racine, d'éirigh Phéadra chomh cráite, chomh tinn le grá, go ndúirt sí nárbh í féin a bhí ann, ach Véineas féin istigh ina colainnse:

Ce n'est plus une ardeur dans mes veines cachée
C'est Vénus tout entière, à sa proie attaché.
(Racine 1969: 552)

*Ní hé loisceadh an ghrá atá faoi cheilt istigh faoi mo
chuisle,*
ach Véineas í féin, agus a creach ina greim aici.
(liomsa an t-aistriúchán)

Chun a ceart a thabhairt do Phéadra, tá sí tar éis sáriarracht a dhéanamh achar a chur idir í agus mac a fir – é a ruaigeadh thar sáile, cuirim i gcás – agus dianiarracht ar fhanacht dílis dá gaol pósta agus dá dualgas. Thriail sí gach rud, an phaidreoireacht san áireamh, ach bhí fuar aici.

Tá sé ina bhunchoincheap sa dráma nach mbíonn an duine freagrach as titim i ngrá, agus nach bhfuil aon dul as; is é sin, nach bhfuil an duine saor. Tá an tuiscint ann freisin go sáraíonn na mianta an fhéiniúlacht dhaonna, óir is í Véineas atá ann anois, agus ní mothúcháin Phéadra féin. Níl i Phéadra féin ach creach de chuid Véineas. Ghlac an eaglais Chríostaí leis, freisin, gur namhaid a bhí sna mianta, cathú de chuid an diabhail agus, ar an mbealach sin, thugtaí le fios nár dhlúthchuid den daonnacht iad, ach teilgean ó lasmuigh.

Ní i dtéarmaí sin na coilíneachta a fhéachtar ar phaisiún an ghrá sa saol nua-aimseartha, a bhfuil claonadh ann ar bhealaí éagsúla, a rá gurb iad na mianta paiseanta a shainmhíníonn an duine. De réir tuiscint rómánsúil a fréamhaíodh sa naoú céad déag, is iad na mianta agus na mothúcháin trí chéile is bonn leis an bhféiniúlacht dhaonna; san fhichiú haois, bhí an tuiscint ag Freud gurb í an mhian i leith na máthar ar ghá í a chur faoi chois, gurb í sin is bonn leis an tsuibiachtúlacht dhaonna.

Cén chaoi le déileáil leis na mianta? Bhí an riail leagtha síos ón tús ag an eaglais Chríostaí go gcaithfeadh an duine a chuid mianta a shárú anseo ar thalamh má bhí áit sna flaithis le baint amach aige. Leag Freud amach é go raibh riail i sibhialtacht an iarthair, riail sa gciall 'patrún' agus ní 'smacht', nár mhór don pháiste a mhianta a chur faoi chois ar mhaithe le háit a bhaint amach dó féin mar dhuine fásta sa tsochaí dhaonna. Ní róshimplí a bhí an clár oibre sin riamh, íobairt a dhéanamh de na mianta. Má theip ort, ba pheaca é sin i súile na heaglaise; bhí maithiúnas le fáil ach aithrí a dhéanamh. Má theip ort i súile lucht síocanailíse, néaróis an toradh a bhí air, agus bhí teiripe le fáil. Maidir le lucht an rómánsachais, ní raibh leigheas i ndán don té a bhí cráite i ngrá gan chúiteamh ach an bás, nó gaisneas a bhaint as an eispéaras mar bhunús don saothar ealaíne. Laistigh de shaol na Gaeilge, is bealach í an gheis lena mhíniú go bhféadfá teacht faoi bhrú rudaí a dhéanamh in aghaidh do thola féin nó beag beann uirthi. Ní go hannamh a bhain an gheis ar bhealach éigin leis na mianta a bhain leis an ngrá ciaptha. Deirdre agus Gráinne na príomhshamplaí, is dócha, agus iad ag cur Naoise agus Dhiarmada faoi gheasa éaló leo. Níor ghá gurbh é an duine atá i ngrá an duine a gcuirfí geasa air nó uirthi; ba leor na geasa a bheith ann mar fhórsa in aice an ghrá. Fiú dá gcuirfí faoi gheasa thú, níorbh aon leithscéal é sin as pé olc a chuir tú ar na húdaráis, agus ní raibh teiripe ná maithiúnas i ndán duit. Ní raibh tú saor, ach fós bhí tú freagrach.

Baineann scéal Mháire Ní Ógáin le hábhar anseo, maidir leis an gcothroime idir a bheith faoi chois an ghrá agus a bheith freagrach asat féin. Tá an t-ainm féin i mbéal phobal na Gaeilge ar thrí chúis. Tá scéal ann faoin bhean a bhí ina leannán ag an bhfile Donncha Rua Mac Con Mara (1715-1810), fear pósta; tá ráiteas nó seanfhocal a gineadh trína scéal sise, 'Ná déan Máire Ní Ógáin díot féin'; agus tá an dán 'Ceathrúintí Mháire Ní Ógáin' againn anois ó Mháire Mhac an tSaoi (2011: 88-94), dán fada seacht gcodanna, ina labhrann bean faoi thréimhsí éagsúla a caidrimh le fear éigin in aghaidh smachtbhannaí an phobail. I ngeall ar an tagairt do Mháire Ní Ógáin sa teideal, is maith a d'fhéadfadh sé gurb é an grá adhaltrannach atá i gceist sa dán, rud nárbh iontas, óir ba é an grá adhaltrannach bun agus barr thraidisiún na ndánta grá Gaeilge.

Tugann an seanfhocal le fios nach bhfuil an duine gan saoirse fiú i láthair na mianta is treise, agus go bhfuil bealach éalaithe sa dea-iompar. Leis an mbriathar 'déan', tugtar le fios go bhfuil cáilíocht na mban óg ag brath ar a ndéanann siad, agus go bhfuil siad saor le rudaí a dhéanamh nó gan iad a dhéanamh, fiú má bhíonn an grá ag brú orthu faoi mar a bhí ar Mháire Ní Ógáin. Is é malairt na geise é, agus meabhraíonn sé nach gá don duine aonair a bheith faoi smachtbhannaí dothuigthe neamhréasúnta a chlaonta féin, nó lena chur i dtéarmaí níos nua-aimseartha, faoi smacht an neamh-chomhfheasa. Tá an seanfhocal crochta mar cheist os cionn an dáin: cé acu ar an ngníomhú nó ar an nádúr a bhraitheann an fhéiniúlacht dhaonna, cé acu mianta nó gníomhú de réir na tola is tábhachtaí, agus cad a tharlaíonn nuair a thagann siad salach ar a chéile.

Íomhá na seilge

Tharla, mar sin, go bhfuil ceist na saoirse fréamhaithe chomh daingean sin le ceist an ghrá antoiscigh, ní haon iontas é go bhfuil traidisiún domhain ann tréanbhrú an ghrá a chur in iúl sa litríocht le híomhá na seilge, íomhá atá bunaithe ar an easpa saoirse, agus a thiomsaíonn gné an fhoréigin freisin mar chuid di sin. Cineál faoi leith seilge an t-iascach, meafar coitianta go leor in amhráin na Gaeilge, a ghineann íomhá thosaigh 'Ceathrúintí Mháire Ní Ógáin':

> Ach a mbead gafa as an líon seo –
> Is nár lige Dia gur fada san –
> [...]
> Mar go bhfuilimse meáite ar scaoileadh
> Pé cuibhrinn a snaidhmfear eadrainn. (2011: 88)

Téann traidisiún íomhá na seilge siar i bhfad sa litríocht. Luathshampla é an miotas Gréagach faoi Actaeon, a chuaigh amach lena chuid cúnna seilge agus a rinne gliúcaíocht ar Diana nó Artemis agus í á folcadh féin. Chas sise a chuid cúnna féin air agus réab siad as a chéile é. Leis na línte tréana ag tús 'Ceathrúintí Mháire Ní Ógáin', creidim go mbaineann Máire Mhac an tSaoi áit amach dá dán i measc cuid de na saothair is airde stádas sa domhan thiar.

Tá samplaí suntasacha i dtraidisiún na Gaeilge féin a thaobhaíonn le foréigean na seilge, gan dul níos faide ná scothamhrán an chailín óig, 'Dónall Óg' ina bhfuil tagairt don tseilg theipthe:

> Is déanach aréir a labhair an gadhar ort
> Labhair an naoscach sa churraichín doimhin ort
> Is tú id chaonaidh aonair ar fud na gcoillte.
> (de Brún et al 1971: 73-4)

Ansin sa líne dheireanach den véarsa, bogtar an t-iomlán timpeall, agus labhrann an bhean óg fúithi féin mar dhuais – 'go rabhair gan céile go brách go bhfaighir mé' – rud ar thagair sí cheana dó ar bhealach eile:

> Beidh agat féirín lá aonaigh is margaidh
> Is iníon rí Ghréige mar chéile leapan.

Is nath cainte coitianta é líne eile as an amhrán céanna: 'Is é an fál ar an ngort é i ndiaidh na foghla'.

I bhfilíocht an lae inniu, b'fhéidir gurb é dán Shomhairle MhicGill-Eain 'Coin is madaidhean allaidh' (1989: 134-5) an sampla Gaeilge is cáiliúla agus is fíochmhaire. Samhlaíonn sé a dhánta féin mar ghadhair is faolchúnna ar thóir na mná a bhfuil sé i ngrá léi. Leis an bhfile féin an t-aistriúchán anseo thíos:

> Thar na sìorraidheachd, thar a sneachda,
> chì mi mo dhàin neo-dheachdte,
> chì mi lorgan an spòg a' breacadh
> gile shuaimhneach an t-sneachda:

calg air bhoile, teanga fala,
gadhair chaola 's madaidhean-allaidh
[...]
an deann-ruith a' gabhail mo bhuadhan:
rèis nam madadh 's nan con iargalt
luath air tòrachd an fhiadhaich
tro na coilltean gun fhiaradh,
thar mullaichean nam beann gun shiaradh;
coin chiùine caothaich na bàrdachd,
madaidhean air tòir na h-àilleachd
[...]
fiadh do bhòidhche ciùine gaolaich,
fiadhach gun sgur gun fhaochadh.

Across eternity, across her snows,
I see my undictated songs:
I see the traces of their paws
dappling the whiteness of the snows,
bristles in tumult, blood on their tongues.
Slender wolves and slender dogs
[...]
This pace is tearing at my mind.
Race of the terrible dogs and wolves
hard on the tender tracks of deer,
straight through the woods without veering,
straight to the summits without sheering,
the mild furious dogs of poetry,
wolves on the single track of beauty
[...]
deer of your beauty, calm and bright,
they're hunting you by day and night.

Níl aon ghanntanas samhlaoidí seilge i litríochtaí eile ach oiread. Shamhlaigh Petrarch a bhé, Laura, mar eilit, sa cheathrú haois déag: 'et una cerva errante et fugitive caccio' ('Táim ag fiach eilit seachránach theifeach' (Petrarch: dán 212)). Tá cáil tuillte ag 'Whoso list to hunt' le Thomas Wyatt a cumadh *circa* 1540, dán a éilíonn trua do thuirse an tseilgeora, ní don chreach:

> Whoso list to hunt, I know where is an hind,
> But as for me, alas, I may no more;
> The vain travail hath wearied me so sore,
> I am of them that furthest come behind.
> Yet may I by no means my wearied mind
> Draw from the deer, but as she fleeth afore
> Fainting I follow; I leave off therefore,
> Since in a net I seek to hold the wind . . .
> (Wyatt: dán 41)

Bhí an meafar céanna ag Shakespeare. In *Love's labour's lost*, cuirim i gcás, samhlaítear na leannáin mar leon ar thóir uain:

> Thus dost thou hear the Nemeam lion roar
> 'Gainst thee, thou lamb, that standest as his prey;
> Submissive fall his princely feet before,
> And he from forage will incline to play.
> But if thou strive, poor soul, what art thou then?
> Food for his rage, repasture for his den. (1982: 153-4)

Sa traidisiún Giúdach-Chríostaí, tá dánta cáiliúla a chuireann síos ar ghaol grá an anama le Dia i dtéarmaí na seilge. Glacann traidisiún fada diagairí leis gurb é grá Dé atá i gceist anseo chomh fada le 'Laoi Sholaimh', nó 'Laoi na laoithe':

> Go séide lá
> Go scaipe scáth,
> Fill.
> [. . .]
> Bí cosúil, a ghrá, le heilit,
> Nó le hoisín na bhfian
> Ar Chnoc [Tairngire] (Laoithe: 2:17)

Is traidisiún é sin a mhair go dtí an saol nua-aimseartha. Is dán cáiliúil misteach é 'The Hound of Heaven' le Francis Thompson a foilsíodh i dtosach in 1893 ach a bhain clú amach nuair a cuireadh san *Oxford book of English mystical verse* é sa bhliain 1917. Samhlaítear grá Dé sa dán sin mar chú ar thóir ghiorria an anama dhaonna le teann grá:

> I fled Him, down the nights and down the days;
> I fled Him, down the arches of the years;
> I fled Him, down the labyrinthine ways
> Of my own mind; and in the midst of tears
> I hid from Him, and under running laughter.
> Up vistaed hopes I sped;
> And shot, precipitated,
> Adown Titanic glooms of chasmed fears,
> From those strong feet that followed, followed after . . .
> (Nicolson & Lee 1917: dán 239)

Níl deireadh leis an íomhá fós. *The heart*, mar is eol dúinn ón leabhar, agus ón scannán den ainm céanna, *is a lonely hunter* (McCullers 1940; Ellis 1968). Agus Elvis féin, deir sé lena leannán go bhfuil siad 'caught in a trap [. . .] because I love you too much'.

Is fiú comparáid a dhéanamh idir 'Ceathrúintí Mháire Ní Ógáin' agus scéal de chuid Mháirtín Uí Chadhain, 'Ciumhais an chriathraigh' (1953: 36-63). Samhlaítear do phearsa an scéil, Muiréad, go bhfuil sí ar nós éisc sáite i linn. Bhain eachtra bheag éarótach di a chuir ar a súile di go raibh sí teanntaithe ina gnáthshaol, agus thar a bheith aonaránach. Bhí sí iata i linn uisce, agus ní i líon. Ba dhuine í Muiréad nach raibh saor, go dtí deireadh an scéil ar a laghad.

> [B]hí an oiread dá dúthracht caite ag déanamh díogaí dorú sa móinteán le deich mbliana is go raibh a haigne ina linn: linn mharbh a bhí cuibhrithe ag cheithre cladaigh díreacha Earraigh, Shamhraidh, Fhómhair agus Gheim-hridh . . . Deich séasúr ina heochrasach, iata i linn . . . Agus áthanna glana ag uachtar abhann. (37)

Ní leagtar aon fhreagracht pholaitiúil, shóisialta ná phearsanta ar éinne sa scéal as an riocht ina bhfuil sí, cibé acu an mí-ádh, a nádúr féin, an córas sóisialta, nó faillí i bpáirt duine éigin eile ba chúis leis. Timpiste de chuid an nádúir a d'fhéadfadh a bheith ann, go bhfuil an t-iasc iata sa linn. Ní amháin sin, ach an fhoinse údaráis atá ag cur as di, an sagart, a raibh sí buartha faoi ag tús an scéil toisc go raibh náire uirthi faoinar tharla ag an mbainis: 'Cén chaoi a n-inseodh sí don tsagart é . . .?' (1953: passim), tá sé siúd as an áireamh faoina dheireadh, nuair a thagann sí ar fhreagra a ceiste: 'Ní fhéadfadh sí é a inseacht don tsagart' (63). Tá a leagan féin ag an scéal seo de cheist na saoirse agus na freagrachta: cé go bpléann sé le pearsa atá 'saor', is laincis uirthi an tsaoirse sin, agus seachnaítear ceist na freagrachta go dtí go ruaigtear an sagart – an t-údarás – as a cloigeann faoin deireadh.

Ach is i líon, ní i linn, atá Máire Ní Ógáin sa dán, nó an bhean a shamhlaítear léi. Más ar easpa saoirse an té atá gafa ann a dhíríonn an focal 'líon', ní uirthi sin amháin é, óir tagraíonn an 'líon' do ghníomh iascaireachta a rinne duine éigin. Ceadaíonn an focal 'líon' spás don fhreagracht dhaonna, freagracht an té ar leis an líon. Malairt a chéile, ar bhealach, atá sa dá shaothar: bhí fear ag Máire Ní Ógáin; thug sí cúl leis an eaglais i dtosach, sular ghéill sí di ar deireadh; agus níor léir aon spéis aici sa bpobal. Ní raibh aon fhear ag Muiréad, níor ghéill sí go deifinídeach don sagart agus bhí sí uaigneach gan comhluadar pobail.

Saoirse tola

Is léir ón gcéad cheathrú de 'Ceathrúintí Mháire Ní Ógáin' go bhfuil ceist na saoirse fite isteach le ceist an ghrá, le trí ráiteas éagsúla faoin tsaoirse:

> Ach a mbead gafa as an líon seo –
> Is nár lige Dia gur fada san –
> [. . .]
>
> Mar go bhfuilimse meáite ar scaoileadh
> Pé cuibhrinn a snaidhmfear eadrainn. (2011: 88)

Tá sí féin sáite i líon an ghrá, amhail iasc gan saoirse; tá sí faoi réir ag Dia freisin, a d'fhéadfadh í a shaoradh; agus tá a rún tola féin aici, óir tá sí 'meáite' ar an ngaol idir í féin is a leannán a scaoileadh. Tá trí fhórsa in iomaíocht le chéile .i. Dia (tríd an eaglais), an grá, agus a toil féin. Tá sí leathshaor ó laincis na heaglaise – tá sí féin is a leannán 'beagbheann ar chros na sagart' (2011:88) – ach níl sí saor ar fad, mar is i lámha Dé atá a bhfuil i ndán di, nó sin a deir sí. Go deimhin, shílfeá go raibh Dia agus an grá i gcomhpháirt le chéile, agus gurbh é Dia féin a bhí á coinneáil ina cime. Níl aon tsaoirse iomlán sa ghrá aici ach oiread, mar bhí smacht aige uirthi agus bhí sí gafa ina líon. Ba líon é a d'fhág faoi mhíchumas í, sa gcaoi nach bhféadfadh sí dul ina aghaidh ach ar éigean. Faoi mar a thug sí le fios gur ag Dia a bhí an chumhacht í a shaoradh ón ngrá, ba é an grá, agus ní a toil féin, a scar amach ó Dhia í. Ní raibh sé 'ar *mo chumas* guíochtaint, / Comaoine is éisteacht Aifrinn' (2011: 88) (liomsa an bhéim).

Sna comhthéacsanna seo, ní hé an oiread brí atá ag a maíomh go bhfuil sí meáite ar stop a chur lena caidreamh lena leannán: 'Mar go bhfuilimse meáite ar scaoileadh / Pé cuibhrínn a snaidhmfear eadrainn' (88). Tá dhá fhórsa eile ann, áfach, ar bhain sí saoirse amach gan stró uathu, fórsaí an phobail agus an domhain chruthaithe. Ba chumhachtaí fórsa an ghrá ná na smachtbhannaí sóisialta. Bhí sí 'beagbheann ar amhras daoine' (2011: 88); ba chumhachtaí é ná an aimsir féin: 'Neamhshuim liom fuacht na hoíche / Neamhshuim liom scríb is fearthainn' (88).

Tá pé saoirse atá sa ghrá faoi smál, agus tá leidí faoi seo i dteanga an dáin. Má tá sí neamhspleách ar Dhia agus ar an bpobal, is mar fhórsa a chloígh í a chuireann sí síos ar a grá. Tá sí beag beann ar gach rud ach ar a bheith 'sínte idir tú agus falla' (2011: 88). Tá an teanga ar maos le débhrí, agus foréigean le brath taobh thiar den teolaíocht. Is iomhá theanntaithe í íomhá an domhain inar mhair sí féin is a leannán le chéile: an 'domhan cúng rúin teolaí seo'. Is beag nach bhfuil bagairt san fhocal a roghnaíonn sí lena theorainn a mhíniú: 'domhan [...] / Ná téann thar *fhaobhar* na leapan' (88), (liomsa an bhéim) tagairt a bhfuil síol foréigin ann a fhíorfar ar ball, is cosúil ('Ar láir dhea-tharraic ná déan éigean' (92). Tá géire san fhocal 'cliabh' freisin, a chiallaíonn 'gaiste' nó 'cás iarainn' chomh maith le 'ucht': 'Is éachtach an rud í an phian, / Mar chaitheann an cliabh' (92).

Tá guagacht i réimse na mothúchán sa dán, a fhreagraíonn go cruinn don débhrí sa teanga a pléadh anois beag, agus don luascadh idir saoirse agus cuibhreach an ghrá. Tá a fhios againn go raibh an dán le foilsiú ina shraith, ní mar dhán aontaithe. Tá aon ghlór amháin ag caint sa chéad phearsa tríd síos. Bíonn an bhean a labhrann i bpian seal, daingean seal go n-imeoidh sí léi, agus seal ar nós cuma liom. Tugann sí blúirí eolais fúithi féin, a thugann le fios gurb é scéal an ghrá thráite acu é. I dtosach, tá sí i ngrá agus gafa, ach tá rún aici deireadh a chur le pé cumann atá díreach ina thús, mar labhrann sí faoin aimsir fháistineach: 'pé cuibhrinn a *snaidhmfear* eadrainn' (88) (liomsa an bhéim); ar ball tá an grá tráite agus tá tuirse uirthi féin; ina dhiaidh, bíonn sí ite ag an éad; deir sí go bhfuil sí in éineacht leis an 'tusa' le hachar bliana. Faoin mhír dheireanach, ba mhaith léi ligean di féin cuimhneamh siar ar na hoícheanta a raibh sí sona lena leannán. Mar sin, is le tagairt siar don tús, le dúnadh fileata, a thagann an dán chun críche, bíodh is go mbréagraíonn ábhar na cainte an filleadh, nuair a deir sí nach ligfidh sí di féin dul i mbun na gcuimhní mar go bhfuil 'aithrí' déanta aici. Tá a leithéid de bhréagnú ag teacht le nósanna fileata na Gaeilge; níor ghá filleadh ag an deireadh ar gach gné den tús; ba leor filleadh ar an bhfocal féin. Mar sin tá an filleadh ann agus as in éineacht; tá an coincheap céanna ag an tús agus ag an deireadh .i. an chuimhne, ach is mór idir brí an phéire.

Tá filleadh i gceist le foirm an dáin freisin. Trí cheathrú nó véarsa an ceann atá sa gcéad cheithre chuid de, ansin péire ceathrú agus aon cheathrú amháin sa chéad dá chuid eile, faoi mar a bheadh an dán ag teip nó ag trá le linn don chainteoir a bheith báite ar fad i bpian, ach sa seachtú cuid, an chuid dheireanach, filleann an dán ar a chéad fhoirm, is é sin, ar thrí cheathrú, faoi mar a bheadh beocht éigin ag filleadh ann leis an tagairt don chuimhne. Ach arís anseo faoi mar a luadh anois beag maidir leis an bhfilleadh ar an bhfocal 'cuimhne', ní gá gurb ionann filleadh foirmiúil agus filleadh ar an gcéad ábhar. Tá foirm na seacht véarsaí ag an deireadh ag cur síos ar shaol claochlaithe, i bhfad ón saol a bhí i gceist ag an tús, fiú má tá an chuma ar an saol sin go bhfuil sé fillte ar an *status quo*. Sa gcás seo, ní 'débhrí' *per se* atá i gceist ach dhá bhrí éagsúla ag an aon fhoirm amháin, idir fhoirm an tsaoil agus fhoirm fhileata.

Is ceist mhór sa dán é: cad as a bhfuil an brú ag teacht ar an mbean a labhrann? Faoi dheireadh, an dáin tá sí scartha óna leannán, is cosúil. An é gur throid Dia nó an domhan ar ais? Nó ar lagaigh an grá? Nó ar bhain sí saoirse amach di féin le gníomh tola? Cá bhfuil an chumhacht, an tsaoirse is an grá?

Ar an gcéad amharc, ní léir go bhfuil aon bhrú ó lasmuigh ar an gcainteoir. Tá na smachtbhannaí sóisialta sáraithe aici gan stró. Cuireann an chéad dá chuid den dán síos ar thréimhse meala, le blas an *aubade* thraidisiúnta, á rá go mairfidh a n-uain go maidin. Cuireann an tríú cuid blas searbh ar an tagairt sin don mhaidin: ní oíche shíoraí a bhí ann tar éis an tsaoil, ach eacstais nár mhair i bhfad, ach a thráigh chomh luath sin nach cuimhin léi '[c]ad leis a raibh mo shúil' (2011: 90) tar éis bliana. Malairt an *aubade* atá sa chuid dheireanach den dán, agus í ag súil leis an lá: 'Fada liom anocht', a mheabhródh, b'fhéidir, olagón cráite Aogáin Uí Rathaille: 'Is fada liom oíche fhír-fhliuch gan suan, gan srann' (Dinneen & O'Donoghue 1911: 26). I lár an dáin, i gcuid IV, léitear go raibh éad uirthi, agus tá blas brúidiúil ar an gcuntas ar a páirtí: 'Ar láir dhea-tharraic ná déan éigean' (92). Pé díomá atá uirthi, is cosúil gur óna leannán féin a gineadh é. Sa deireadh thiar, tá sí báite i bpian, agus ní heol dúinn cén fáth ar tháinig deireadh lena gcumann, a bhfuil sí ar neamhchodladh dá dheasca, ach oiread le file ar bith de chuid na ndánta grá. Mar sin, is iad na mianta agus na mothúcháin, agus ní na heachtraí a tharla amuigh sa saol, atá léirithe go cruinn dílis amhail is nach raibh aon róthábhacht leis an domhan mór.

Tá an rún tola lárnach sa gceist. Ar na línte is spéisiúla sa dán, feictear dom, tá an tuairisc bhrónach gur fhan sí sa gcaidreamh le gníomh tola amháin, le teann dílseachta dá móid, agus in aghaidh a mianta: 'Is fós tá an creat umhal / Ar mhaithe le seanagheallúint', fiú nuair a thráigh 'áthas an phléisiúir' (90). Tá cuma thuirseach ar an ráiteas seo a insíonn faoi ghníomh tola gan fonn. Cosúil leis an bhfilleadh ar an tús a raibh cuid den chlaochló ann, is athinsint íorónta é seo ar an ráiteas ag tús an dáin go bhfuil sí ag iarraidh a toil a neartú in aghaidh a foinn ar bhealach eile ar fad. Tá an dá thagairt le chéile sách truamhéileach, í ag fulaingt ag an tús agus ag iarraidh dul in aghaidh a foinn féin tríd an gcaidreamh a bhriseadh, agus níos deireanaí, í ag fulaingt ó bheith ag iarraidh dul in aghaidh a foinn féin trí fhanacht sa gcaidreamh.

Tá a mhacasamhail de mheascán de thoil agus údarás ag goilliúint uirthi ag deireadh an dáin. Tá aithrí déanta aici, agus seans gurbh é sin ba chúis leis an scarúint. I dtéarmaí na heaglaise, is meascán spéisiúil é gníomh na aithrí, óir baineann sé le géilleadh do chóras údaráis na heaglaise, ach é a dhéanamh trína mhalairt .i. trí ghníomh saorthola an duine féin. De ghnáth, ní thuigtear go bhfuil aon aithrí i gceist má tá an mhian tráite a spreag an duine le 'peaca' a dhéanamh an chéad lá. Nuair a deir sí, i dtreo an deiridh, go rachadh sí siar – sa chuimhne amháin – dá mbeadh sé 'ceadaithe' (94), tá sí ag lorg bealach éalaithe as a pian is a fulaingt laistigh de chóras údarásach a bhfuil sí ag cur a tola féin faoina réir. Is cinnte go bhfuil crá uafásach ag baint le haon duine daonna a bheadh sásta cuid di féin atá chomh pearsanta, agus chomh neamh-insmachtaithe leis na cuimhní a thagann dá ndeoin féin, a chur faoi smacht a tola féin ná faoi aon údarás eile. Ní amháin cráite, ach fánach, mar ní féidir na cuimhní a smachtadh le gníomh tola – ní le gníomh comhfhiosach ach go háirithe. Faoi mar a chonaiceamar thuas gur beag fórsa a bhí lena maíomh go raibh sí meáite ar stop a chur lena caidreamh lena leannán: 'Mar go bhfuilimse meáite ar scaoileadh / Pé cuibhrinn a snaidhmfear eadrainn' (88), tá síol a bréagnaithe féin laistigh den ráiteas ag an deireadh 'dá leomhfa[dh sí] cuimhneamh' (94) ar oícheanta meala. Is cuma cé acu 'to permit' nó 'to dare' atá i gceist, níl na cuimhní faoina smacht. Is íorónta an scéal é go gcuireann sí a muinín sa smacht agus sa chead, ón uair atá na cuimhní, thar aon chuid eile den duine, saor ó laincis an cheada: 'An ród a d'fhillfinn – dá mba *cheadaithe*' (94) (liomsa an bhéim).

Meabhraítear i réamhrá *An paróiste míorúilteach* (2011), an cnuasach de rogha dánta agus dánta nua le Máire Mhac an tSaoi, atá curtha in eagar go breá ag Louis de Paor, gur mhínigh an file cheana gurb é 'refusal [. . .] her principal theme.

The dramatic lyrics . . . deriv[e] their structure from a refusal of commitment, a determination to withdraw from impending crisis' (26). Is léir uaidh seo — agus dearbhaíonn an dán é — go bhfuil an gníomh tola bunúsach ar fad don fhile seo. Is mó, dar liom, an iarracht a dhéantar sa dán an gníomh tola a shábháil ó ráig an ghrá agus ó smacht Dé féin, ná mar a dhéantar caoineadh a chruthú le teann péine agus caillteamais. Le coincheap na haithrí, lena mheascán de ghníomh tola, gníomhú amuigh sa saol agus, ar bhealach, an t-iompú sa chroí, tá pearsa an dáin tar éis teacht ar réiteach éigin faoina dheireadh, réiteach ar meascán é dá toil féin agus toil Dé, fiú más ar chostas an chroí bhriste é, agus na péine síoraí.

Tá an brú céanna chun neamhspleáchais soiléir i ndánta eile dá cuid, go háirithe in 'A fhir dar fhulaingeas', agus arís anseo is ar mhaithe le bheith saor a chuireann sí deireadh leis an gcaidreamh:

A fhir dar fhulaingeas grá fé rún
Feasta fógraím an clabhsúr;
Dóthanach den damhsa táim,
Leor mo bhabhta mar bhantráill. (2011: 76)

Ach oiread le 'Ceathrúintí Mháire Ní Ógáin' is léir anois gur ar chostas uafásach pearsanta a baineadh an tsaoirse amach, costas chomh hard gur dheacair do léitheoirí an lae inniu, b'fhéidir, glacadh leis dáiríre mar shaoirse, agus ní mar dhaoirse de chineál eile. Tá leid sa dán seo, leis, faoin doiléire chéanna, nuair a chuirtear an daoirse i gcodarsnacht ní leis an tsaoirse ach, go híorónta agus go paradacsúil, leis an mbréagshaoirse: 'Duí gach lae fé scailp dhaoirse Malairt bhaoth an bhréagshaoirse!'. Paradacsa é seo ba dhiongbháil an dáin 'Saoirse' de chuid Sheáin Uí Ríordáin (1952: 100-102), dán eile a phléann ar bhealach éagsúil leis an ngaol idir na mianta agus an tsaoirse.

An traidisiún filíochta

B'fhurasta a shamhlú gur ceist bheo é an traidisiún liteartha féin i gcás saothair a dhéanann iniúchadh ar fheidhmiú na tola in aghaidh córais údaráis, faoi mar a dhéanann Máire Mhac an tSaoi in 'Ceathrúintí Mháire Ní Ógáin'. Is údarás ollmhór ann féin é an traidisiún, gan amhras. Déantar athscríobh síoraí le himeacht ama ar phearsana, móitífeanna agus coincheapa a théann siar i bhfad. Cuireann na macallaí is féidir a bhaint as an traidisiún le allabhracht na nualitríochta agus uaireanta is iad na macallaí sin thar aon rud eile a ghineann brí saothair nua. Ní go hannamh a bhunaíonn Máire Mhac an tSaoi dánta ar phearsana traidisiúnta – Gráinne agus Deirdre go príomha ó na miotais, agus sa dán seo Máire Ní Ógáin, gnáthbhean dhaonna a bhfuil stádas leathstairiúil, leath-bhéaloideasúil ar a laghad aici. Léirigh Bríona Nic Dhiarmada (2010) gur thug an traidisiún saoirse do Mháire Mhac an tSaoi, á rá gur chloígh sí le foirmeacha agus le seánraí traidisiúnta a lig di rudaí nua a rá, rudaí a sháraigh na smachtbhannaí cuid mhaith. Pé saoirse indibhidiúil atá aici, is laistigh de smacht an traidisiúin a bhain sí amach í.

Conclúid

Seans go ndéarfaidh léitheoirí an lae inniu go bhfuil an chaint atá déanta san alt seo ar an saorthoil seanaimseartha, toisc go n-aithnítear anois, a bhuíochas le Freud, go ndéanann an neamh-chomhfhios maolú mór ar éifeacht na saorthola sa saol i gcoitinne, agus go mbíonn an-chuid den iompar daonna faoi réir aici. Baineann 'Ceathrúintí Mháire Ní Ógáin' le lár an fhichiú céad in Éirinn, áfach, nuair a bhí teagasc na heaglaise faoin saorthoil go mór i réim. De réir an teagaisc sin, ba ghá an toil dhaonna a chur faoi réir na heaglaise (toil Dé tríd na haitheanta) agus ba chuma faoi na mianta is na mothúcháin. An toil amháin a cuireadh sa reicneáil; má bhí an croí cráite go deo, b'fhiú sin ar mhaithe le bheith sábháilte i bpobal Dé. Chonaiceamar oibriú amach na tola ag pearsa an dáin go dtí an deireadh nuair a bhí a toil curtha le toil Dé (nó, cá bhfios, toil an phobail) aici. Is cuid dá chostas sin a croí a bheith i bpian faoin deireadh thiar.

Déarfadh lucht síocanailíse freisin go bhfuil scéal bunúsach daonna sa dán, ach nach ionann é agus leagan na Críostaíochta den scéal sin. Déarfaidís go bhfuil macalla ann ó scéal an té a chaitheann éirí as tnúthán lena chéadsearc (bíodh is nach í an mháthair atá i gceist sa dán) le maireachtáil faoi rialacha an tsaoil. Ghlac pearsa an scéil leis sin, rinne sí aithrí as a caidreamh le duine a bhí, is cosúil, toirmiscthe. Cibé ceann a nglactar leis den dá leagan mhóra de scéal na tola a insítear sa domhan thiar, leagan na Críostaíochta nó leagan na síocanailíse, (nó ceachtar díobh) is cosúil go leanann an dán oibriú amach na tola, agus níl aon éaló as a iarmhairt, an croí briste. Cé go bhfuil an ceart ag John Jordan, gan amhras, a labhair faoin dán mar 'anatomy of passion' agus faoin fhile mar 'a prober of the condition of love' (luaite in Mhac an tSaoi 2011: 16) , tá gníomh na tola agus tóraíocht na saoirse ina mbunchlocha sa dán chomh maith céanna. Níl aon leigheas luaite, ach, b'fhéidir, an cuimhneamh a luaitear ag an tús mar a bheadh tuar nó tairngreacht ann, agus ag an deireadh freisin, mar shólás atá curtha as raon. An iarmhairt eile atá ann, an dán féin. Déarfadh Freud gur léiriú ann féin an litríocht ar an néaróis (i measc rudaí eile), agus gur geall le hairí néaróise í. Is cinnte go bhfuil litríocht cumtha as eachtra phianmhar ghrá Mháire Ní Ógáin ar bhealach a thagann le leagan amach lucht an rómánsachais a luadh ag tús an ailt seo, agus a rian i dteideal an dáin féin. Tá ceathrúintí na colainne, luchtaithe le pian, iompaithe ina gceathrúintí fileata nach ndéanfar dearmad orthu.

FILÍOCHT
MHÁIRE MHAC AN TSAOI

Seán Mac Réamoinn

Is deacair a chreidiúint go bhfuil seacht mbliana anois ann ó foilsíodh *Nuabhéarsaíocht*, cnuasach a rinne Seán Ó Tuama de dhéantús filíochta na tréimhse 1929-1949. Tá sa duanaire sin saothar ó dhuine is fiche de scríbhneoirí na linne: dán nó dhó atá i gceist i gcás a bhformhór. Ach tugadh breis spáis do cheathrar acu a bhí 'ag gabháil go dáiríre agus go leanúnach dá gceird' (mar adúirt an t-eagarthóir). Bhí cnuasaigh dá gcuid féin foilsithe cheana ag beirt acusan, Máirtín Ó Direáin agus Séamus Ó Néill, agus níorbh fhada gur tháinig leabhar chugainn ó dhuine eile acu, Seán Ó Ríordáin. Agus anois tá *Margadh na saoire* againn, 'bailiúchán véarsaí' leis an gceathrú duine den chomhluadar, Máire Mhac an tSaoi. B'fhiú fanacht air.

Is í Máire Mhac an tSaoi is óige ar fad den cheathrar, ach bhí a printíseacht caite aici i bhfad sarar foilsíodh *Nuabhéarsaíocht*. Tá mé ag ceapadh gur i dtús na tréimhse atá i gceist sa chnuasach úd a chéadchonacthas dánta léi i gcló: tá dán amháin in *Margadh na saoire* a bhfuil dáta 1940 leis. Fágann san gur den ghlúin nua-éigse a tháinig ann le tús an dara cogadh domhanda í, an ghlúin a tháinig chun cinn i dtosach san iris seo *Comhar*.

Ba dhóbhair dom scoil a scríobh ansin in ionad 'glúin'. Ach ní bheadh san i gceart. Seans gur féidir comh-thréathra scoile a aimsiú i saothar scríbhneoirí eile den aicme chéanna, ach measaim gur cineál ann féin é saothar Mháire Mhac an tSaoi. Ar ndó, tá seo de chosúlacht idir í féin agus a cuid comhaimsireach: gur thugadar go léir cúl leis an leanbaíocht, leis an marbhántacht, leis an maoithneachas, leis an bhfíminteacht a bhí i réim go dtí sin, ach amháin i gcás beagán beag scríbhneoirí. Ach níor thug sise cúl le hoideas mar a thug go leor eile: agus an fhaid a bhíodarsan amuigh ar choigrích mheoin agus nóis, ag iarraidh nuaíocht ábhair agus deilbhe, is cosúil gur istigh ar fhód an dúchais a bhí sí féin agus í á bhreithniú go baileach, seal lena dúchas pearsanta féin, seal le dúchas na seanéigse, seal le dúchas na Gaeltachta.

'Tuiscint aonraic'

Is deacair beachtú ar bheachtaíocht. Is deacair, go deimhin, an bheachtaíocht inmheánach seo a tharraingt amach chun a léirmheasta: arae níl ins na bundánta, ach go háirithe, puinn de na snátha scaoilte úd ar geal le measadóirí lipéid a chur leo, d'fhonn a dtuarascála i dtéarmaí filíocht eile na linne nó ealaíona eile mas gá. Tá an fíochán ródhlúth chuige sin. Níl iontu, ach oiread, puinn aird ar shuathadh an tsaoil mhóir: táid saor ón iriseoireacht. (Admhaím nach dodhéanta filíocht a dhéanamh den ard-iriseoireacht.) Táid saor freisin, a bhuí le Dia, ón saghas *neurosis* faisiúnta is aonphort ag an iomad de phíobairí an lae inniu, agus iad á cheapadh gurb é ceol croí na cruinne atá á sheinnm acu. As 'domhan cúng rúin' a taithí agus a samhlaíochta féin na dánta seo Mháire Mhac an tSaoi –

Aibigh, a mhian, i ndiamhaireacht na gile
Ar bior le tuiscint aonraic ar an ndúil;
I gcoim na mire fite mar a bhfuilir
Dulta ó aithint súl, bí teann a rún.

('Feabhra')

Tugtar faoi ndeara nach gcuireann an file aon réamhrá próis leis an mbailiúchán véarsaí seo, aon ghluais lena ráiteas le go mb'fhusaide rachadh an 'tuiscint' úd aici i gcomhthuiscint do chách. Seachas an leabhar a thiomnú 'don té a léifidh le fabhar' ní dhéanann sí ach na dánta a chnuasú ina dtrí ranna – 'Liricí', 'Eachtraíocht agus amhráin tíre', agus 'Aistriúcháin'. Pé rud atá le rá aici is ins na dánta féin adeireann.

Dúchas éigse

Atá dhá ní san fhilíocht, léargas agus déantús. An uair a bhíd araon slán bíonn an dán ar fónamh. Is minic is treise ceann acu seachas a chéile, ar ndó; uaireanta braithimid glaine físe nó neart samhlaíochta nach bhfuil léirithe go lánbhaileach san aithris, uaireanta eile folaíonn cumas ceirde easpa éigin sa bhundamhna. Ach, i ndeireadh na dála, is ar éigin atá an tarna bealach ann le aon rud a rá: pé frídín den mhór-fhírinne a bhraitheann an file, má bhraitheann cruinn é níl thar aon léiriú cruinn amháin air. Uime sin, is ar éigin is ionscartha ábhar agus dealbh ó chéile, ach oiread le corp agus anam an duine: má scartar, éagann.

Chuige seo atáim. Creidimse go bhfuil *Margadh na saoire*

ar na leabhra is tábhachtaí ar fad dar foilsíodh fós i nGaeilge na haoise seo: go bhfuil ins na dánta seo árd-shaothar liteartha, agus go n-aithneofar san coitianta amach anseo. Ach, go dtí seo, cé gur chuala mé go leor daoine á moladh go hard, ní léar dom an t-aitheantas is dual á thúirt dóibh ag daltaí na 'scoile': moltar an cheardaíocht iontu, ach déantar dísbheagadh ar a dtéagar – meastar go bhfuilid ró-éadrom, ró-éadoimhin le go n-áireofaí ina saothar ardfhilíochta iad. Ach, le fírinne, is sa bhreithiúntas san atá an éadoimhne, dar liom. Breithiúntas é a bhfuil dhá aicíd ró-choitianta taobh thiar dhó: mar atá, mí-thuiscint ar nádúir filíocht na Gaeilge, agus sodar i ndiaidh Weltanschaung . . . ('saol iomlán na fichiú aoise' do éigse Éireann!). Síolraíonn an dara haicíd sin ón gceann eile, arae, dá dtuigtí cáilíocht agus inneach agus scóp ár ndúchas éigse i gceart ní beifí chomh mór san ar buile chun nuaíochta agus chun deorantachta d'fhonn *vacuum* nach bhfuil ann dáiríre a líonadh – ná ní bhraithfí gá chomh géar san le riastradh samhailte agus cainte. Féadfar a mhaíomh, ar ndó, nach maireann an dúchas éigse úd againn a thuille: gur éag sé céad nó dhá chéad bliain ó shoin, agus gur gá tosaí as an nua. Ach, más amhlaidh nach ngéillimid don bharúil sin; má chreidimid gur *fás beo* é filíocht na Gaeilge, a bhfuil a phréamha go doimhin daingean in ithir mheoin agus saíochta ár gcine, a leasaíodh le saothar na nglúnta agus nach bhfuil de dhíth anois air ach a aithleasú tar éis faillí na nglúnta deireannacha seo – má chreidimid sin uilig, ba chóir go mba léar dhúinn gurb é saothar Mháire Mhac an tSaoi an cruthú is fearr fós dúinn nach fánach ár gcreideamh. Mar is den 'fhás beo' úd an saothar seo, thar aon tsaothar eile dá ndearnadh ó thús na hathbheochana. Filíocht cheart Ghaeilge atá ann, idir ábhar agus dhealbh.

Déantús bunúsach úrnua atá ann, ach tá lorg an tseanoidis go soiléir air.

An caidreamh

Ag trácht dó ar chúrsaí don tsaghas seo cúpla bliain ó shoin ('Nuafhilíocht na Gaeilge', *Comhar*, Meitheamh 1955) dúirt Tomás Ó Floinn gur 'filíocht i mionghléas' í filíocht na Gaeilge ariamh, gur ar na 'mion-nithe ábharga' ina saol féin amháin a smaoiníodh na filí, gan aon chuimhneadh acu ar 'ollcheisteanna na beatha domhanda, ach amháin sa mhéid ar bhain siad leo go pearsanta'.

Nílim féin sásta ar fad leis an dtuairisc sin ach is leor liom anois í mar leide ar cháilíocht an dúchais i saothar Mháire Mhac an tSaoi. An *saghas* ruda tá le rá aici agus an chaoi a n-abrann, tá úire iontu cinnte, ach táid 'braced in vigour to the bardic mind' agus ní mheasaim go mba aduain leis an meon úd iad. An chuid is fearr dá cuid dánta, ní dhealróidís puinn deoranta i nduanaire coitianta Gaeilge: cúpla ceann acu, go deimhin, mara gcuirtí dáta leo, ba dhoiligh don léitheoir aois a gceaptha a thomhais –

Is gránna an rud í an bhean,
   hOileadh casta,
Díreach seach claon ní fheadair,
   Bréag a n-abair.

Beatha dhi inneach an duine,
   Slán ní scarfair
Go gcoillfidh agat gach tearmann,
   Go bhfágfaidh dealamh.
      ('Cad is bean?')

Nó

A fhir dar fhulaingeas grá fé rún,
Feasta fógraím an clabhsúr:
Dóthanach den damhsa táim,
Leor mo bhabhta mar bhantráill.

Tuig gur toil liom éirí as,
Comhraím eadrainn an costas:
'Fhaid atáim gan codladh oíche
Daorphráinn orchra mh'osnaíle.

('A fhir dar fhulaingeas . . .')

Nádúrtha go leor, is ar dheilbh agus ar fhriotal na véarsaí
sin is túisce aithneofaí a ngeinealach, ach féach gur den
tseanmhianach a n-ábhar chomh maith. Tá ráite ag
léirmheastóir eile gurb é 'an téama is bunúsaí agus is miotallaí
ag Máire Mhac an tSaoi ná "an caidreamh" – a caidreamh féin
agus caidreamh an duine dhaonna i gcoitinne ar dhaoine eile
(nó ar dhúthaigh áirithe); a bhuaine agus a neamhbhuaine, an
leas a baineadh as agus an leas nár baineadh' (Seán Ó Tuama,
Feasta, Márta 1957).

Is é leis, agus is dual sinsir di é. Ní raibh aon údar ná
ábhar eile ba mhó ag filí na Gaeilge ó thosach, anuas go
Roibeard Weldon 'ar mheath uaidh na cairde' – mar a
léirítear, ní hamháin san iliomad dán grá agus caradais, aor
agus aithis, marbhna agus beochaoineadh deoraíochta, ach
freisin i mórchuid de fhilíocht an chrábhaidh, an tírghrá,
agus na dúlraí féin. Ar ndó, sa mhéid a bhaineas le caidreamh
daonna féin, is mór an éagsúlacht atá le braith ar shaothar na
bhfilí ó dhuine go duine agus ó aois go haois, agus ní hionadh

gur mór idir Mháire Mhac an tSaoi agus na filí a chuaigh roimpi. Ní chun *pastiche* atá sí. Tá corrmhacalla óna saothar siúd ina cuid véarsaí, ar ndó – ba mhór an t-ionadh nach mbeadh, ach, má tá, déanann sí a cuid féin den iasacht. Tá a dúchas pearsanta féin, mar adúramar cheana, i gceannas i gcónaí ar dhúchas na hoidhreachta. Tá mar bheadh scáthán a meoin is a hanama féin ina cuid dán, scáthán ina bhfeicimid scáil pearsan eile. Uaireanta soilsítear an scáil:

> Strapaire fionn sé troithe ar aoirde
> Mac feirmeora ó iarthar tíre [. . .]

> [. . .] Ina léine bhán, is a ghruaig nuachíortha
> Buí fén lampa ar bheagán íle.
>
> ('Jack')

> Bhí gile do chinn mar an t-airgead luachra
> Fé sholas an lampa leagtha ar bord ann.
>
> ('Do Shíle')

nó déanann aisling ghéar di:

> 'Ní heolach dom cad é, eagla an bháis',
> Is nuair a labhair do chuala na trompaí
> Is chonac an pobal fiáin is an fhuil sa tsráid
> Is do bhí lasair thóirse agus gaoith
> Fé na bratacha i gcaint an Fhrancaigh mhná.
>
> ('Gan réiteach')

Aigne dhúbalta

Ach de ghnáth fanann ina scáil: ní líniú tréathra pearsan is cás leis an bhfile, ach rianú scéal a gcaidrimh is a éifeacht san uirthi féin ('Liricí'), nó ar phearsain eile ('Eachtraíocht agus amhráin tíre'). Agus, ar an dá chuid den leabhar chímid mar a bheadh aigne dhúbalta ag oibriú. Tá, ar thaoibh amháin, an drogall, an tseachaint, an doicheall roimh an gcaidreamh, roimh 'eochracha an uaignis' a chasadh:

> Glac peann is loit leis aghaidh an leathanaigh,
> Gach leamhlíne scaoilte tarraicthe,
> Allas is saothar –
> Ach ní bhfaighir blas orthu.
> Mire gach tosaigh nuair a bheidh traochta,
> Bhfuil caidreamh dá moltar nach bocht mar an
>> gcéanna?
>>> ('Ceist')

> Cén fáth a dtabharfainnse cúl le suaimhneas
> Go mbeinn am buaireamh le samhailtí baoise?
>>> ('Diúltú')

Ciall do dhíombuaine an aoibhnis,

> [. . .] nuair a theipeann ar an dtaitneamh is
> tarcaisneach a bhlas.
>>> ('Fógra')

ciall don díombuaine, agus faitíos roimh an ionadh a rachadh chun gnáthaí is chun leimhe, is údar leis an dearcadh diúltach seo, is cosúil:

Féach feasta go bhfuil dála cháich i ndán duit,
Cruatan is coitinne, séasúr go céile,
Ag éaló i ndearúd le hiompó ráithe
Gur dabht arbh ann duit riamh, ná dod leithéidse.

('Finit')

Nó an eagla roimh báthadh pearsantachta fá ndear é?

Pé scéal é, tá an 'leath-aigne' eile ann. Ní diúltú don teaghmháil atá ar an taoibh seo ach fáilte, tuiscint ar a thábhachtaí atá tadhall an fhíorchaidrimh dá ghoire:

Nach cuma feasta, a naí bhig, eadrainn
Deighilt na mblianta nó fuatha an charadais?
Dob é mo dhán an tráth san t'aithne.

('Do Shíle')

Agus, ó nach mairfidh, ach seal, *carpe* –

'Luigh leis an áthas atá anois féd réir.
Ná santaigh síoreiteach is síoréaló [. . .]
Ní briseadh croí is dán do gach aon spéir.'

('Freagra')

Coimhlint

Is in 'Ceathrúintí Mháire Ní Ógáin' – an iarracht is faide agus is téagartha sa leabhar – is ann is géire chítear coimhlint an dá aigne. Go deimhin, táid i ngleic le chéile ó thosach an dáin:

> Ach a mbead gafa as an líon so –
> Is nár lige Dia gur fada san –
> Béidir go bhfónfaidh cuimhneamh
> Ar a bhfuaireas de shuaimhneas id bhaclainn
> [. . .]
> Ach comhairle idir dhá linn duit
> Ná téir ró-dhílis in achrann,
> Mar go bhfuilimse meáite ar scaoileadh
> Pé cuibhrinn a snaidhmfear eadrainn.

Breith ar an bhfaill!

> Ar a bhfuil romhainn ní smaoinfeam
> Ar a bhfuil déanta cheana,
> Linne an uain, a chroí istigh,
> Is mairfidh sí go maidin.

Ach ina dhiaidh sin, neamhshásamh mar is dual don díombuaine –

> Deacair anois a rá
> Cad leis a raibh mo shúil!
> [. . .]
> Is fós tá an creat umhal

Ar mhaithe le seanagheallúint
Ach ó thost cantain an chroí
Tránn áthas an phléisiúir.

Ins na 'Ceathrúintí' seo gan aon agó atá an ráiteas is sláine fós ag an bhfile ar chaidreamh pearsan. Agus, thar eitic phríobháideach na haigne dúbalta úd a luas, tá leide iontu ar fhealsa caidrimh is doimhne agus is leithne, ar chomaoin is bunúsaí ná a bhfuil léirithe cheana.

Nuair a bheidh ar mo chumas guíochtaint
Comaoine is éisteacht Aifrinn,
Cé déarfaidh ansan nach cuí dhom
Ar 'shonsa is ar mo shon féin achaine?

Tréathra

Tá súil agam go bhfuil éirithe liom beachtú éigin a dhéanamh ar aidhm agus ar mhodh saothair an fhile seo. Measaim gur leor na véarsaí atá luaite agam le go mbeadh barúil ag an léitheoir ar cháilíocht an déantúis aici agus ar an mblas áirithe atá air.

B'fhéidir nár mhiste dhom, áfach, focal breise a rá faoi chuid de shaintréithe na ceirde aici mar a chítear domsa iad. An tréith is feiceálaí, ar ndó, a máistreacht ar an teanga Ghaeilge. Thagras cheana don tríú 'dúchas' úd aici, dúchas na Gaeltachta: agus is léar gurb éachtach mar tá beochaint Chorca Dhuibhne tugtha léi aici maraon le cúloideas na cainte sin. Ní hé a bhraitheann tú ar a cuid scríbhneoireachta go bhfuil beochanúint aici agus focla agus leaganacha ón litríocht mar thaca léi sin aici, mar a bhíonn ag formhór na nuascríbhneoirí. Ní hé, ach seo: dar leat gur aon fhriotal amháin atá aici, aon teanga amháin. Ní minic a leithéid le léamh againn; is gnáthaí go mbraitear éagsúlacht tuin agus dath idir bheo agus liteartha. Ní foláir a admháil gur buntáiste ann féin é gurb í canúint sin Chorca Dhuibhne atá i gceist; ach is iontach mar a thug sí 'a hairde is a doimhneacht' léi, agus is iontaí fós mar a fhéadann sí pé easpa atá ar an gcanúint a shlánú le fí cliste focal. Dá thairbhe sin uilig, bíonn de dhealramh ar an dán go bhfuil an file ag rá an rud díreach atá le cur in iúl aici, gan bearna gan bacaíl.

Buaidh eile atá ag Máire Mhac an tSaoi, dar liom, buadh meadrachta. Ní húdar ar mheadracht mé, ná nílim ag dul túirt faoi na haistí a scagadh. Ach chítear dom go bhfuil bua ar leith aici chun rithimí beo-chainte a úsáid mar bhun le patrún dáin –

> Ná tabhair chun seanabhróga é mar ghrá
>
> [. . .]
>
> Ach ó tá an scéal mar tá is fearr dúinn glacadh leis
> amhlaidh
>
> [. . .]
>
> Níor spalpadh fós an strapaire a bhainfeadh ceart ná
> riail díot.

Nó breathnaigh an éifeacht 'ruathair' sa véarsa seo:

> 'Ógánaigh sin an cheana, dá dtuigtheá tú féin i
> gceart
> Bhraithfeá an bhliain ag caitheamh is na laethanta
> ag imeacht;

[. . .]

Leat, an fhaid a mhairfidh an luisne sin i gcneas,
An bláth san ar an leacain, an tathaint sin na ndearc,
Ach ní mór don taoide casadh, is 'sé dán na hoíche
    teacht.

Bheir sin go dtí tréith eile i bhfilíocht Mháire Mhac an tSaoi mé, mar atá an tíorthúlacht. Na 'hamhráin tíre' úd aici níor baisteadh as a n-ainm iad:

Fágfad-sa an baile seo de réir mar a rúnaíonn dom,
An ainnise is an salachar agus síorchur na báistí ann;
Ní péacóg bheag ar bhuaile a choimeádfaidh i
    bhfonsaí mé –
    Creid mé leat.

Atá mo riar i Sasana is is f'riste teacht i dtír ann,
Tuillfead mo chuid airgid is socaireoidh mé síos ann
Gan stró orm ná aithreachas – ach anso a bheirse
    choíche
    Led chliamhain isteach.
                    ('An buachaill aimsire')

Tá cuid mhór sa leabhar so fágtha gan plé agam. Níl puinn ráite agam, cuirim i gcás, faoin 'gcaidreamh ar dhúthaigh' agus na dánta a spreagadh as: ná ar na véarsaí a deineadh as ábhar seanchaíochta ná ar an dán Nollag úd atá chomh maith sin ar eolas ag cách faoi seo gur dócha go gceapann a lán daoine nach fios cé dhein: ná ar na haistriúcháin. Ach sílim nach beag atá ráite agam chun a chur in iúl go gcreidim gur saothar den chéad-thábhacht atá in *Margadh na saoire*.

Ní áitím gurb é bealach Mháire Mhac an tSaoi an t-aon bhealach amháin atá ann le filíocht Ghaeilge a dhéanamh. Ní hé bealach Mháirtín Uí Dhireáin é, cuirim i gcás – fear a bhfuil leabhar nua uaidh ar fáil anois agus saothar tábhachtach ann freisin. Ach, má mhaireann an Ghaeilge, agus saíocht na Gaeilge, tá mé ag ceapadh go mairfidh cuid mhaith de fhilíocht Mháire Mhac an tSaoi, de bharr an fhiúntais atá ann agus mar léiriú ar an bhforbairt nádúrtha a tháinig ar dhúchas ár n-éigse san aimsir seo.

– Léirmheas ar *Margadh na saoire* (1956),
Comhar, Aibreán 1957. 4-7.

'A PRESENT FROM THE MOON'

Pádraig de Brún agus tionchar na hiasachta ar Mháire Mhac an tSaoi

Eiléan Ní Chuilleanáin

Agus mé ag smaoineamh faoi ábhar an pháipéir seo, chuaigh mo chuimhne ar ais go dtí an scéal iontach san a d'inis Máire Mhac an tSaoi dúinn faoi bhriseadh na Fraince sa dara cogadh domhanda, nuair a seoladh an leabhar *An paróiste míorúilteach* (2011) i gCaisleán Bhaile Átha Cliath. D'inis sí, má tá an scéal i gceart agam, conas a théadh sise agus a deirfiúr ó theach a n-uncail Pádraig de Brún, soir ó Dhún Chaoin chun nuacht an lae a fháil ar an raidió in áit eile mar ab fhéidir í a chloisint níos fearr, agus conas mar a thángadar ar ais agus an scéal acu faoi cad a tharla san Fhrainc. Bhí dealbh bheag den Tour Eiffel aige ar sheilf, agus *souvenirs* eile óna óige mar mhac léinn sa tSorbonne, agus nuair a chuala sé an scéal chuaigh sé go dtí an tseilf agus leag sé iad go cúramach ar lár.

Cúis amháin go raibh an neomat drámaiticiúil sin chomh suimiúil sin domhsa, ná gur chuir sé i gcuimhne dom láithreach an t-aistriúchán a rinne an fear céanna ar dhán Louis Aragon, 'C', ón leabhar *Les yeux d'Elsa* a foilsíodh ar dtús san Eilvéis i 1942 agus ina dhiaidh sin i Londain i 1943, tar éis dó a bheith smugláilte amach ón bhFrainc go Sasana, nuair a bhí an file fós i bhfolach ina thír féin. De réir Cyril Connolly ina bhrollach do leabhar eile le Aragon i 1942, a foilsíodh ar an tslí chéanna, *Le crève-coeur*, dúirt Raymond Mortimer faoi: 'the present sent to me by one French friend and brought to me by another' go raibh sé ar nós 'receiving a present from the moon or from the banks of the Acheron' (Aragon, 1942: ix). Is é an duibheagán céanna, nó ceann níos measa, a bhí le trasnú nuair a dhein Pádraig de Brún a leagan Gaeilge den dán, dán ag cur síos ar scrios na tíre, ar na dídeanaithe ag triall ó dheas thar abha na Loire, 'les voitures versées', na gluaisteáin tite san uisce: 'J'ai traversé les Ponts-de-cé /C'est là que tout a commencé . . .' (Aragon 1943: 17).

Má labhartar inniu faoi Phádraig de Brún, is mar scoláire agus mar aistritheoir é. Is faoi na haistriúcháin is mó ba mhaith liom labhairt, ach tá suim agam ina chuid filíochta freisin, mar a bheidh le feiscint. Beidh mé ag iarraidh ceist a fhreagairt atá simplí go leor: conas a thagann an t-aistriúchán, an Ghaeilge agus téamaí na saoirse agus an neamhspleáchais go léir le chéile i saothar Mháire Mhac an tSaoi agus, gan amhras, conas a d'fhoghlaim sí a lán ó shampla Phádraig de Brún. Tosnóimid le dán Aragon.

Is ar *Comhar* i mí Iúil 1944 a foilsíodh aistriúchán Phádraig de Brún ar dhán Aragon, 'C'. Is féidir é a léamh mar ghníomh in aghaidh chinsireacht na linne sin, dar liom, tráth nach raibh cead aon ní a fhoilsiú faoin gcogadh domhanda a chuirfeadh isteach ar neodracht na tíre seo. Ag an am céanna, bhí airm na gComhghuaillithe ag déanamh ar Pháras, agus níor saoradh cathair Angers, láimh leis na Ponts-de-Cé go dtí an 10 Lúnasa. (D'aistrigh an Brúnach dán eile as *Le crève-coeur* a bhaineann leis an gcogadh freisin, 'Zone libre', agus tháinig san amach faoin teideal 'An mhúscailt', ar *Comhar* i mí Eanáir 1945.)

An rogha a dheineann an t-aistritheoir cén téacs a aistreoidh sé nó sí, is é sin an chéad chéim i bpróiseas an aistriúcháin, agus is minic gur rogha pholaitiúil atá ann. Ach an dara céim: conas is féidir dán, atá báite i dtraidisiún na Fraincise, rud leochaileach a shuíonn ar an siolla san 'Cé', a thabhairt isteach i dteanga iasachta? D'éirigh le Francis Poulenc ceol a chur leis agus an cogadh fós ar siúl. Ach chun dán den tsórt so a thabhairt níos gaire do phobal na Gaeilge, i dtír neodrach, ní foláir, creidim, míniú soiléir a roghnú thar leochaileacht. Glacann Pádraig de Brún le freagracht an aistritheora sa chás so, agus soiléiríonn sé brí an bhundáin sa leagan Gaeilge. In áit chéadlíne an dáin sa bhFraincis 'J'ai traversé les ponts de Cé', deir sé: 'Do ghaibheas ón gcoga thar droichead na Lóire' agus leanann sé air, 'Is ann d'éirigh an cor dom do thosnuigh lem bhrónadh' (1944). Athraíonn sé fonn agus rithim an bhundáin chun é a tharraingt níos gaire do thraidisiún na Gaeilge, agus aistríonn sé scrios na Fraince i dtreo a bhróin phearsanta. Is saghas briseadh trí chlaí teorann é an dán san a aistriú agus a fhoilsiú ins an chéad áit. Is cré phearsanta atá á fhógairt aige faoi thábhacht na gceangal idir cultúr na hÉireann agus cinniúint na hEorpa i measc rudaí eile.

Ní raibh an creideamh sin gan a bheith conspóideach. Is léir ó leabhar dírbheathaisnéise Mháire Mhac an tSaoi *The same age as the State* (2003) go raibh Éire, agus go háirithe lucht na Gaeilge, sna tríochaidí den gcéad seo caite, i ngleic díospóireachta faoi sheasamh na tíre nua i dtreo na gcultúr eachtrannach, go háirithe i leith chultúr na hAthbheochana nó an Renaissance, agus gur chuaigh Padraig de Brún i bpáirt na hEorpa agus cultúr leathan Eorpach na gclaisiceach. Tá na hailt a scríobh seisean agus Dónall Ó Corcora i *Humanitas* sna blianta 1930-31 – altanna atá searbh go leor: Ó Corcora ag áiteamh gur rud dodhéanta é litríocht i nGaeilge a chruthú a mbeadh dearcadh idirnáisiúnta aici, agus de Brún á fhreagairt agus é ag tarraingt ar chultúr clasaiceach agus Eorpach – curtha i gcló arís ag Liam Prút, agus *précis* d'argóint an eagarthóra leis, mar aon le cur síos ar a bhfuil scríofa ag criticeoirí níos déanaí mar gheall ar an mbriatharchath áirithe seo (Prút 2005). Le déanaí, tá athchuairt á tabhairt ar saothar Uí Chorcora mar chriticeoir cultúrtha, ach ní dheineann Heather Laird aon tagairt don iomarbhá seo ina cnuasach dátheangach, *Daniel Corkery's cultural criticism* (2012).

Níl slí agam anso chun a leithéid a dhéanamh, ach amháin aird a tharraingt ar an nasc idir an díospóireacht san agus an t-aistriúchán. Creidim gur féidir teagmháil idir Éire ársa agus an domhan mór a fheiscint fiú sa leathanach as *Comhar* inar foilsíodh chéadleagan an Bhrúnaigh d'fhilíocht Aragon. Tá dán le Máirtín Ó Direáin ar an leathanach céanna, agus meascán den gcló rómhanach agus an sean-chló Gaelach ar an aon leathanach amháin. Is féidir a léamh uaidh sin conas a bhí fórsa idirnáisiúnta comhaimsire ag dul i gcomórtas le neart an dúchais agus an traidisiúin agus ag meascadh leis i gcroílár an chultúir féin.

Chímid ó *The same age as the State* gur aontaigh Máire Mhac an tSaoi le creideamh an Bhrúnaigh agus gur chuir sí an creideamh céanna i bhfeidhm ina saothar féin. Gan amhras, bhí litríocht an Bhéarla chomh tábhachtach di sin agus a bhí do lucht an Bhéarla féin, agus ní foláir gan dearmad a dhéanamh ar an mBéarla mar idirtheanga chumasach chun filíocht agus litríocht an domhain a nochtadh don léitheoir fiosrach. Ach, ar deireadh thiar, teanga amháin i measc theangacha an domhain is ea an Béarla. Más ó mhuintir Dhún Chaoin agus ó shampla a huncail a fuair sí bua na Gaeilge buanchleachtadh ar chultúr agus ar bhéaloideas na teangan agus na háite, ní raibh cultúir an domhain mhóir ná teangacha eile dofheicthe do na daoine san. Tá scéal aici faoi sheanduine a raibh slí á déanamh aige trí fhalla chun an tOllamh Roger Chauviré a ligint isteach ar shuíomh ársaíochta, agus a bhí in ann 'Passez, Monsieur, passez' a rá leis i bhFraincis, rud a chuir ionadh ar fhear na Fraince, is dócha. Míníonn sí gur fhoghlaim an seanduine a chuid Fraincise ó dheirfiúr an Chanónaigh Goodman – ministéir Protastúnach agus bailitheoir ceoil i gCorca Dhuibhne sa naoú céad déag (Cruise O'Brien 2003: 109-10).

Dán Aragon, i leagan an Bhrúnaigh, sin sampla amháin de thorthúlacht agus de chumhacht an aistriúcháin. Ní raibh na haistriúcháin go léir a dhein Pádraig de Brún ón bhFraincis chomh nua-aoiseach leis an gceann san. Cuimhním chomh maith ar *Polyeucte*, le Corneille, *Athalie* le Racine, na drámaí a d'aistrigh sé go Gaeilge agus a léiríodh i scoil chlochair Sráid Eccles, croílár an oideachais do chailíní ar feadh trí chéad bliain (Cruise O'Brien 2003: 99). Na leaganacha a dhein sé ó Homer, Sophocles, Euripides agus ón g*Coméide dhiaga* le Dante, is in omós do chultúr an domhain ársa, agus do chultúr na meánaoise san Eoraip a deineadh iad, agus mar bhronntanas don nGaeilge. An leabhar san *Miserere*, a thosnaigh a shaol i gcomhluadar an ealaíontóra Georges Rouault ón bhFrainc, taispeánann sé dúinn neart an cheangail a bhí ag an mBrúnach le seanchreideamh agus le sean-Chríostaíocht na hEorpa agus le cultúr na hEorpa. D'aistrigh Máire Mhac an tSaoi na dánta a scríobh sé sa leabhar úd agus beimid ag filleadh orthu arís i gceann tamaill. Is féidir a thuiscint ó scéal a beatha, mar a insíonn sí féin é, go raibh sise i bpáirt chomh maith le cultúr na hEorpa in am an achrainn a thosnaigh lena hóige nuair a chuaigh sí i mbun filíochta den gcéad uair is nuair a shocraigh sí leanúint lena cuid staidéir ar theangacha iasachta.

Is féidir linn seasamh daingean faoi pholaitíocht an aistriúcháin a fheiscint sa chéad leabhar filíochta aici. Na trí aistriúchán i *Margadh na saoire* (1956), tagann siad ón mBéarla, ón Spáinnis agus ó Fhraincis na meánaoise. Is léir go bhfuil an Béarla ann cothrom leis na teangacha eile. Ina dhiaidh sin, lean sí uirthi leis an aistriúchán, agus leaganacha ó Ghaeilge go Béarla san áireamh, chomh maith le leagan breá de *Mharbhnaí Duino* ó Ghearmáinis Rilke (2013).

Is léir ó *Mhargadh na saoire* ar aghaidh go bhfuil súil ag Máire Mhac an tSaoi ar thíortha eile, go bhfuil misneach réabhlóide na Fraince, an 'pobal fiáin is an fhuil sa tsráid', agus fuadar na hEorpa mar inspioráid di, ceacht a fuair sí ón bhFrancach mná Olga Popovic agus a 'míthuiscint uaibhreach' sa dán 'Gan réiteach' (Mhac an tSaoi 2011: 58). In alt a scríobh sí do *Studies* i 1955, chímid an dearcadh céanna agus Máirtín Ó Direáin á mholadh aici: 'níl léite agam ó Lorca ná ó Aragon filíocht dramaiticiúil is fearr ná é seo', adeir sí, agus leanann uirthi le comparáid idir 'Máire' agus Maupassant, idir Máirtín Ó Cadhain agus Mauriac (1955: 89-90).

Chomh maith leis an tionchar ón iasacht, agus go háirithe ón bhFrainc, faigheann Máire Mhac an tSaoi guthanna ar iasacht ó thraidisiún na Gaeilge. Is ó mhná a thagann na guthanna seo de ghnáth, ó Ghráinne agus Deirdre agus Máire Ní Ógáin sa traidisiún dúchais, ach cloistear guth fireann chomh maith, ó am go ham, guth seanchléirigh *misogynist*, mar shampla, b'fhéidir, i 'Cad is bean?' (2011: 84). In amhráin na ndaoine, faightear leagan firinscneach nó baininscneach den dán céanna; mar shampla in 'Éireoidh mé amárach', dán a d'aistrigh sí níos déanaí, labhrann an file mar bhean atá i ngrá le hóigfhear. Ach tá leagan eile ann den dán céanna, 'Cuaichín Ghleann Neifín' ina labhrann fear faoi chailín. (MacSuibhne.) Tagann na snáitheanna so le chéile sa leagan Gaeilge de dhán Garcia Lorca 'La casada infiel' (2011: 100). Tagann na haistriúcháin díreach i ndiaidh 'Ceathrúintí Mháire Ní Ógáin' in *Margadh na saoire* (1956), rud eile a thugann treoir dúinn conas iad a léamh. Is é an píosa deireanach sa leabhar 'An bhean mhídhílis', dán le file aerach, ag cur síos ar eachtra idirghnéasach i nguth an fhir. Ach is bean atá á léamh agus á aistriú. Mar sin, cloisimid guth na mná níos soiléire san aistriúchán ná mar a chloistear é sa bhundán, cé gur fear atá ag insint an scéil sa dá leagan den dán.

> Gach a ndúirt liom os íseal
> Ní háil liom, ós fear mé, d'insint'
> [. . .]
> Is go ndúirt ná raibh ach ina cailín (2011: 102)

Agus an Eoraip á cleachtadh aici tar éis 1945, feictear go bhfuil an Eoraip, teangacha na hEorpa, go háirthe teanga na Fraince, ceangailte in aigne an fhile le bheith ina duine fásta ag stiúradh a beatha féin. Insíonn sí conas a d'éirigh léi feabhas a chur uirthi féin i bPáras tar éis seal míshásta a chaitheamh san Institiúid Ard-Léinn i mBaile Átha Cliath (Cruise O' Brien 2003: 166-73). Bhí an neamhspleáchas céanna á fháil ag Éirinn féin sna tríochaidí, an tír ag teacht chuici féin, ag glacadh le bunreacht nua, ag tógaint ar ais na gcalafort a géilleadh sa Chonradh Angla-Éireannach i 1922 mar shampla. Tá macalla d'fhocail agus de dhearcadh Robert Emmet – 'When my country takes her place among the nations of the earth' – i dteideal an leabhair dhírbheathaisnéise féin *The same age as the State*. Agus is i measc na náisiún a chaith Máire Mhac an tSaoi cuid maith dá saol ag obair ar son na tíre mar thaidhleoir, sa Spáinn, mar shampla, ó 1949 go dtí 1951.

Ba í an Fhraincis teanga na taidhleioreachta an uair san, ach is i Spáinnis Lorca a d'éirigh léi gníomh neamh thaidhleoireachta a fhógairt sa chéad leabhar. Mar a insíonn sí dúinn sa dírbheathaisnéis, ní raibh saothar iomlán Lorca ar fáil sa Spáinn le linn réimeas Franco, agus go háirithe sna daichidí nuair a bhí sise ann (2003: 194). Ní dócha go gcuirfeadh Éire na linne sin fáilte chomh croíúil roimh dhán ar nós 'La casada infiel' ('An bhean mhídhílis') da mbeadh a fhios acu cad a bhí ann.

Tá an stócach *gitano* sa Spáinnis ar aon dul le Máire Ní Ógáin mar mhasc ina dtéann an file i bhfolach; masc eile is ea an Ghaeilge agus mian rúnda á nochtadh agus á cheilt aici san am céanna agus an dán iasachta á chur in oiriúint aici do nósanna na hÉireann. Scríobhann sí 'oíche San Seoin' in áit *la noche de Santiago* (Oíche San Séamas); 'stócach ón dtreibh ar díobh mé' in áit *gitano legitimo*. Aistriúchán ceansaithe atá i gceist anso, más féidir liom téarma Lawrence Venuti 'domesticating translation' a aistriú; agus í ag leanúint chur chuige Phádraig de Brún san aistriúchán a dhein sé ar dhán sin Aragon atá pléite agam thuas (Venuti 1995: 5). Is ag neartú an chultúir dhúchais atá sí, más ea, agus athscríobh pearsanta á dhéanamh aici ar dhán Lorca amhail mar a athnuann agus a athraíonn sí focail Dheirdre chun iad a chur in oiriúint dá léargas fileata féin.

An turas idir dhá theanga, is féidir é a dhéanamh i dtreo na Gaeilge nó é a thabhairt uaithi i dtreo eile. Cad atá le foghlaim ó na haistriúcháin atá déanta ag Máire Mhac an tSaoi mar sin ó Ghaeilge go Béarla? Tá rogha le feiscint, agus arís, guth á fháil ar iasacht. Is athscríobh freisin na leaganacha Béarla a dhein sí in *Trasládáil* (1997). Níl na haistriúcháin san go léir ar an leibhéal céanna, ach is dánta den scoth i ndáiríre na leaganacha Béarla aici de na dánta grá, ina bhfuil sé soiléir go bhfuil áit, guth, agus seasamh á aimsiú ag an aistritheoir a thugann cead di a haigne féin a nochtadh. Tá seasamh fireann i gceist ann chomh maith ó am go ham. Tá dhá dhán eile a chuireann i gcuimhne dúinn chomh fada siar a théann an nasc idir traidisiún dúchais na Gaeilge agus mór-roinn na hEorpa, agus a thugann deis dom filleadh ar an bpáirt atá ag 'scéal ón bhFrainc' i bhfilíocht Mháire Mhac an tSaoi – sin iad 'Caoineadh Phiarais Feiritéir do Mhuiris mhac Ridire Chiarraí, tar éis dó bás a fháil i bhFlóndras', agus 'Uaillghuth an aoibhnis' le Liam Dall Ó hIfearnáin – ar chlos *dea-scéala* ón bhFrainc. (Mhac an tSaoi 1997: 49-63; 41)

Tá an t-aistriúchán a dhein sí ar fhilíocht a huncail féin an-suimiúil ó thaobh an dlúthcheangail seo leis an bhFrainc. Nuair a scríobh Pádraig de Brún na dánta i *Miserere,* bhí aistriúchán á dhéanamh aige ón bhfís a bhí ag Georges Rouault ar an gcéad dul síos, ó shaothar Francach, cé gur obair ealaíne seachas litríocht a bhí i gceist. Tá aistriúcháin liteartha ann chomh maith, óna lán foinsí: ó Shalm 50, 'Miserere mei Deus', ó Shophocles, ó ghiota as an *Stabat mater* le Jacopone da Todi, ón b*Paradiso* le Dante (de Brún 1971: Pláta 1, 12, 53, 54).

Ghoid an Brúnach ceithre líne ó Liam Dall Ó hIfearnáin, agus bhrúigh isteach aistriúchán ar bhlúirí amhrán ó Bhéarla na ndaoine, véarsa ó Kickham agus fiú giota as 'Brian O'Linn', chomh maith le hamhrán cráifeach. Na dánta nach aistriúcháin iad, baineann siad le saol idirnáisiúnta agus le saol pearsanta. Déantar tagairt do Rimbaud, do Gerald Manley Hopkins, agus arís, tá cúpla píosa aistrithe ó leabhair Aragóin ó na daichidí (1971: Pláta 52, 22, 4, 11, 28, 50). Cuirtear isteach an téacs Fraincise nó Laidine uaireanta; agus uaireanta eile níl aon aistriúchán déanta aici go Béarla. Straitéis a bhí ansin don bhunúdar a lig dó dorchadas, uaigneas agus eagla a léiriú ar shlí nach mbeadh scannalach ó pheann sagairt. Nuair a foilsíodh an leabhar iomlán, deich mbliana tar éis a bháis, chuir an obair aistriúcháin a dhein Máire Mhac an tSaoi barr air, ag cur fáilte roimh an mBéarla i measc na dteangacha eile. Gníomh chráifeachta is ea í, obair *pietatis* an *pietà* a dhein Rouault, agus an Ghaeilge léannta a chuir Pádraig de Brún in aice leis a nochtadh ó thaobh an Bhéarla, agus críoch á cur aici ar obair an fhir a shiúil an bealach roimpi. Is deisceabal gach aistritheoir, gach file a shiúlann i ndiaidh file eile, fiú nuair is sárfhile í an t-aistritheoir féin.

Tráth go raibh sé cuíosach deacair do mhná na hÉireann bheith ag foilsiú filíochta, bhí an t-ádh le Máire Mhac an tSaoi. An oidhreacht a fuair sí óna máthair gan amhras, oidhreacht na scoláireachta, chomh maith le hoidhreacht an oideachais idirnáisiúnta an traidisiún a théann siar go dtí Aodh Mac Aingil agus Pádraigín Haicéad. An oidhreacht sin, níl aon amhras ná gur chuir sí lena misneach chun scríobh agus chun scríobh mar a dhein sí. Is rud annamh é gaolta a bheith ag aistriú shaothar a chéile. Ach i gcás an fhile seo, is féidir linn a fheiscint ina saol mar aistrithreoir conas a aimsíonn sí guth oiriúnach i gcomhair gach dáin. Agus go bhfuil sí ag scríobh laistigh de thraidisiún an aistriúcháin chomh maith leis an traidisiún filíochta. Agus chímid cé chomh leathan agus atá an t-aistriúchán féin, an méid cleas atá ann, conas is féidir an t-eachtrannach a tharraingt i ngar dínn; conas a thugann sé cead do scríbhneoirí laistigh de thraidisiún a gcuid smaointe a athrú, a idirdhealú agus a athscríobh.

NÓTA

Ba mhaith liom buíochas a ghabháil le Anne Markey, a chuardaigh irisí Gaeilge ó 1940 amach ag lorg aistriúcháin filíochta ó theangacha eile dom, tionscnamh ar bhaisteamar 'Valparaiso' air as an aistriúchán is mó cáil ag Pádraig de Brún. Ise a tharraing m'aire an chéad uair ar Aragon i nGaeilge.

THE SAME AGE AS THE STATE

ach ní mór filíocht chomh maith

Mícheál Mac Craith

Is fada aitheanta gurbh iad Máirtín Ó Direáin (1910-88), Seán Ó Ríordáin (1916-77) agus Máire Mhac an tSaoi (1922-) an triúr mór a chuir bonn ceart faoi nuafhilíocht na Gaeilge. Is díol spéise freisin an leabhar próis a bhaineann le gach aon duine acu, *Feamainn Bhealtaine* (1960) leis an Direánach, *Seán Ó Ríordáin: Beatha agus saothar* (1982) le Seán Ó Coileáin agus *The same age as the State* (2003) le Máire Mhac an tSaoi. Agus cé nach bhfuil mé ag iarraidh baint de ghaisce Sheáin Uí Choileáin mar údar an dara leabhar atá luaite agam, i ngeall ar an diantochailt a rinne sé i ndialann an Ríordánaigh, ní áibhéil a rá go bhfuil toise na dírbheathaisnéise sa saothar sin chomh tábhachtach céanna le toise na beathaisnéise. Tuigeadh láitheach gur mhór an áis iad *Feamainn Bhealtaine* agus beathaisnéis an Choileánaigh chun léargas breise a fháil ar fhilíocht Uí Dhireáin agus Uí Ríordáin. Ach níor tugadh an aird chéanna chor ar bith ar an ngné sin nuair a rinnedh léirmheastóireacht ar chuimhní cinn Mháire Mhac an tSaoi.

Is féidir cúpla buille faoi thuairim a thabhairt faoi cad ba chúis leis an bhfaillí seo. Toisc gur i mBéarla a scríobhadh an leabhar, is iad lucht an Bhéarla is mó a rinne léirmheas air, daoine nach mbeadh cur amach acu ar litríocht na Gaeilge. Anuas air sin, ba phearsana móra iad i saol poiblí na tíre an oiread sin de ghaolta Mháire Mhac an tSaoi agus scéal chomh spéisiúil sin le reic aici ina dtaobh, gur dhóbair do na léirmheastóirí an bhéim ar fad a dhíriu ar an gcúlra polaitíochta sin agus neamhshuim a dhéanamh de chumadóireacht Mháire. Sa léirmheas thar a bheith báúil a scríobh John Bruton, mar shampla, ní bheadh a fhios ag an léitheoir ar chor ar ar bith gur dhuine de mhórfhilí na Gaeilge a scríobh, gan tagairt ar bith aige dá cuid filíochta. Mar an gcéanna, ní dhearna Garret Fitzgerald ach leath-thagairt do chumadóireacht an fhile ina léirmheas siúd ar an *Irish Times*.

Agus, mar bharr ar an mí-ádh, níor foilsíodh léirmheas ar bith in *Comhar*, áit a mbeifí ag súil leis go dtabharfaí aird ar a raibh le rá ag Máire Mhac an tSaoi faoina cuid filíochta féin. Iarracht atá sa dréacht seo an fhaillí sin a chúiteamh agus an dlúthnasc idir dírbheathaisnéis an fhile agus a cuid filíochta a aibhsiú.

Tosnaímis leis an gcéad alt in *The same age as the State*:

My maternal grandmother, Kate Browne, died at the age of sixty-five, on 3 June 1923; I remember her from the waist down. We went together to feed the hens in the yard at the back of her house in the village of Grangemockler, County Tipperary, at the foot of Slievenamon in the Decies. They were very terrible hens, and I can remember looking at them, transfixed with fear, over a 'width' of her skirt. God rest her! Her story has been part of my consciousness from the beginning. (13)

Tá an chuimhne cheannann chéanna le fáil sa dán 'Cearca':

Is cuimhin liom binn dá gúna
   Idir mé agus na cearca:
Triantán dorcha éadaigh
   Mar a bheadh seol naomhóige,
Agus an pointe socair sa chosmas
   Gur mise é
Ag gliúcaíl dá dhroim
   Im portán sceimhlithe.

Ní bhíonn an *breed* sin de chearca ruadhearga
   Acu a thuilleadh:
Cearca chomh mór le muca,
   Caora tine acu in áit na súl,
Goib chorránacha, neamhtruamhéileacha orthu,
   Agus camachrúba fúthu,
Innealta chun mé 'stolladh –
   Ní fheicim timpeall iad níos mó.

Bhí buataisí, leis, sa phictiúir
   Agus aprún garbh,
Ach caithim ailtireacht a dh'imirt orthusan
   Ar bhonn prionsabail,
Ní ritheann siad chugham
   Dá ndeoin –
'Ní cuimhin leat,' deir daoine, 'do sheanamháthair.'
   Is cuimhin, ón gcromán anuas. (2011: 178)

Is díol spéise na cosúlachtaí agus na codarsnachtaí idir insint an phróis agus insint na filíochta. Meabhraíonn dáta beacht bhás na seanmháthar dúinn nach raibh an file ach bliain d'aois nuair a shíothlaigh a maimeo, rud a thugann le fios gurb í an chuimhne is sia ina ceann atá á nochtadh aici. Maidir leis na cearca féin, tá gné an sceimhle i bhfad níos treise sa leagan Gaeilge ná mar atá sa Bhéarla. Ach, thar an aon ní eile, is ar an gcuimhne agus ar an mothúchán atá an bhéim.

D'fhoghlaimíomar go léir ar scoil nath cáiliúil Wordsworth 'emotion recollected in tranquility'. Seo tuiscint Mháire Mhac an tSaoi ar an léargas céanna:

> The poems were always the result of intense pressure of emotion, although they did not always reflect this directly, and although sometimes the emotion was triggered by a vicarious experience. (2003: 163)

Agus dá mhéid a scanraigh na cearca an leanbh óg, tharlódh gurbh í an eagla chéanna seo a choinnigh cuimhne na seanmháthar beo di.

Scríobh an fealsamh Vincent Brümmer tráth:

> Our identity as persons is bestowed on us in the love which others have for us . . . Our identity is equally determined by the love we have for others. In both senses we owe our identity as persons to others. (1993: 171)

Féiniúlacht, grá, cuimhne, agus daoine – sin iad na tréithe, dar liom, a nascann filíocht Mháire Mhac an tSaoi agus *The same age as the State* le chéile. Tá an dírbheathaisnéis breac le cuimhní den chineál sin faoi Kate Browne, cuimhní a thagann chun cinn arís agus arís eile ina cuid filíochta. Is féidir trí roinn a dhéanamh ar na cuimhní éagsúla: cuimhní teaghlaigh, a chuimsíonn seantuistí, tuismitheoirí, uncailí agus ansin Bairbre agus Séamus, a deirfiúr agus a deartháir; cuimhní bunaithe ar a saol pósta le Conchúr Crús Ó Briain agus na gasúir; agus cuimhní bunaithe ar chaidreamh collaí. Mar a scríobh an file sna cuimhní cinn:

> All this time there was another young woman in my lover's life – had always been – whom it would suit him to marry, and whom, I came reluctantly to realise, he eventually would marry, if I were out of the way. It was an unhappiness I learnt to live with, but by the winter of 1956 I was near breaking point.
>
> I give here one of the lyrics I wrote about then ['A fhir dar fhulaingeas']; it exemplifies how my versifying could act as a safety valve. (2003: 205)

Ba mhaith liom díriú anois ar chuimhne shuntasach amháin atá luaite sa dírbheathaisnéis, turas a thug Máire ar Fhleá Mozart i Salzburg na hOstaire sa bhliain 1934 nuair a bhí sí dhá bhliain déag d'aois. Cara dá muintir, an Dr Letitia Fairfield, a thug ann í in éineacht le neacht an dochtúra (128-31). Roimh imeacht di, chomhairligh a máthair do Mháire 'Dia's Muire duit a rá' mar fhreagra ar bheannacht na Naitsíoch, 'Heil Hitler'.

> The village of Sankt Wolfgang observed the siesta, and I wandered idly through the the empty streets, until I was brought up short in front of a display-case outside the offices of *Der Stuermer*, the Nazi newspaper. I could not take my eyes off it. My feet seemed stuck to the pavement, a drumming started in my head and I could feel my heart thump. The case was full of obscene cartoons, the sort of thing I could never previously

have imagined, let alone seen. All the protagonists were shown with dehumanised Semitic features; some were dressed as Catholic priests and nuns, and I think it was this that alerted me to the nature of the whole. I was a very innocent child and came from an innocent culture, but I knew this was evil, although evil was not a concept I had ever considered before [. . .] I realised that wicked Germans and wicked Austrians, too, could be very wicked indeed – I was too young to realise that this could be true of wicked human beings in general – and I was very, very frightened, and a dark shadow seemed to fall on our lovely holiday. (131)

Bogaimis ar aghaidh ó 1934 go 1999, go foilsiú *Shoa agus dánta eile.* Is ar an dán teidil féin, 'Shoa', ba mhaith liom díriú. Maidir leis an bhforscríbhinn a ghabhann leis: 'ar fheiscint dhealbh chuimhneacháin íobairt na tine i Vienna dhom – Samhain 1988', is áis don léitheoir a thuiscint gurb í an dealbh cháiliúil chonspóideach de Ghiúdach ar a dhá ghlúin a dhealbhaigh Alfred Hrdlicka (1928-2009) atá i gceist:

Cuimhnímis gur cuireadh iachall ar Ghiúdaigh Vienna sluaghairmeacha polaitíochta a ghlanadh de na sráideanna tar éis an Anchluss (Márta 1938), uaireanta gan acu ach scuabanna fiacal chun an beart a dhéanamh. Is iad na heachtraí náireacha seo atá á gcomóradh ag Hrdlicka. Ní mór a chur san áireamh nár bhain an tsreang dheilgneach leis an dealbh ó thús. De bharr an oiread cuairteoirí nach ndearna ach suí ar bharr na deilbhe gan tuiscint acu don ainghníomh ná urraim acu do na híobartaigh, b'éigean an tsreang a chur thart uirthi. Má b'áil le Hrdlicka cuimhne an ainbhirt a bhuanú ionas nach dtarlódh a leithéid arís, is bocht an teist ar chuimhne neamartach an chine dhaonna é gur chinn na húdaráis nach raibh aon dul as acu ach leas a bhaint as an tsreang dheilgneach chun an dealbh a shlánú ón easurraim. Sin é an cúlra as ar eascair an dán.

An seanóir Giúdach ar a cheithre cnámha,
Ualach sneachta ar a ghuailne,
Cianta an rogha ina ghnúis –
'Mar seo,' a deir an t-íomhá miotail,
'Do sciúr mo chine "leacacha na sráide"
I Wien na hOstaire leathchéad bliain ó shoin –
É sin agus ar lean é –
Ní náire feacadh i láthair Dé . . .

'Ach sibhse, na meacain scoiltithe,
'Bhur gcoilgsheasamh ar bhur "gcuaillí arda",
Níl agaibh teitheadh ón aithis:
Ársa na mBeann crapadh go hísle glún,
An Bheatha Ché insa láib,
Ar a chosa deiridh don mBrútach' (2011: 188)

Is é an focal *Shoah* an focal is ansa leis na Giúdaigh féin chun ainm a thabhairt ar ollscrios tubaisteach an dara cogadh domhanda nuair a díthíodh 6,000,000 díobh. Is é Elie Wiesel is túisce a d'úsáid an focal 'Uileloscadh' ach bheartaigh tráchtairí eile éirí as mar théarma toisc go bhfuil sé nasctha ródhlúth le reiligiún na nGiúdach agus íobairtí an teampaill agus nach raibh rud ar bith íobartach ná reiligiúnda ag baint le hár agus éirleach na Naitsíoch. Léiríonn an úsáid a bhain an file as an bhfocal *Shoa(h)* mar theideal don dán an meas a bhí aici ar rogha na nGiúdach féin cé nach leasc léi gaisneas a bhaint as 'íobairt na tine'/uileloscadh i gcorp na haiste.

Is deacair na mothúcháin sa dán seo a scarúint ó theagmháil tosaigh an fhile leis an Naitsíochas agus gan aici ach dhá bhliain déag d'aois agus ón réamhullmhúchán a bhí faighte aici óna máthair nuair a mhínigh sí di cén chaoi ar chóir di déileáil leis na mbeannacht 'Heil Hitler'. Anuas air sin, b'fhéidir nár mhiste tagairt a dhéanamh don ionracas uasal a d'fhág a hathair mar eisiomláir aici i seirbhís an stáit. Nuair a sheol Potadóireacht an Inbhir Mhóir foireann dinnéir chuig an teach Oíche Nollag 1937 ón monarcha nua-oscailte, chuir an tAire Tionsclaíochta agus Geilleagair an 'bronntanas' ar ais (2003: 151). Cé gur tharla an eachtra seo cúpla bliain i ndiaidh na cuairte a thug Máire ar Salzburg, fós féin, léiríonn sí na caighdeáin a bhí á gcleachtadh sa bhaile, caighdeáin a d'fhágfadh lorg nár bheag uirthi.

Tá an dán 'Shoa' bunaithe ar chodarsnachtaí. Sa chéad áit, tá codarsnacht idir airde agus ísle, go litriúil agus go meafarach. Ina dhiaidh sin, feictear codarsnacht idir siúl agus lámhacán, idir daonnacht agus brúidiúlacht, idir an duine atá cruthaithe in íomhá Dé agus an t-ainmhí. Bhí an t-ainmhíochas agus an bhrúidiúlacht i ngach ciall den fhocal go mór chun cinn faoi réimeas na Naitsíoch agus an chaoi ar chaith siad leis an bpobal Giúdach go háirithe. Rinne siad a seacht ndícheall chun na Giúdaigh a tháirísliú go leibhéal an fhodhuine (*Untermensch*).Tharlódh freisin go bhfuil macalla bíobalta le fáil san fhocal 'lámhacán'. Nasctar an téarma lámhacán leis an nathair a chuireann cathú ar Éabha i gcaibidil a trí de leabhar Gheineasas agus ar siombail den diabhail í agus, dá bhrí sin, den olc absalóideach.

Is díol spéise iad na tagairtí idirthéacsúla atá le fáil sa dán agus na macallaí ó 'Caoineadh na Maighdine'. Cé gur féidir breathnú ar an bhfrása 'leacacha na sráide' mar thagairt do na Giúdaigh ar cuireadh iachall orthu leacacha na sráide i Vín a sciúradh, tá an nath céanna le fáil sa chaoineadh sin freisin: 'Agus bhuaileadar anuas ar leacacha na sráide é', tagairt d'Íosa ag titim faoi ualach na croiche ar a bhealach go Calbhaire. Mar an gcéanna leis an bhfrása 'ar bhur "gcuaillí arda"'. Cé gur túisce a smaoineodh an léitheoir ar *jackboots* na Naitsithe, tá toise breise i gceist anseo freisin nuair a mheabhraítear líne eile ó 'Caoineadh na Maighdine': 'chrochadar suas ar a nguaillí go hard é'. Uair amháin eile tá céasadh na nGiúdach á léiriú trí lionsaí Críostaí agus á nascadh le céasadh Íosa. D'fhéadfaí dul níos faide fós agus an tagairt d'Íosa ag titim ar leacacha na sráide a chur i gcodarsnaacht le briathra Íosa féin i soiscéal Eoin: 'mar a chaithfear Mac an Duine a ardú i dtreo gach duine a chreideann, go mbeidh an bheatha shíoraí aige' (Eoin 3:14). Ardú Íosa ar an gcroich atá i gceist anseo, ar ndóigh. Tá na codarsnachtaí idir ardú agus titim i bhfios agus i ngan fhios ag rith tríd an dán ar fad.

Ní mór a mheabhrú go ngoilleann an nascadh seo idir fulaingt na nGiúdach agus páis Íosa ar roinnt mhaith Giúdach. Le gan ach aon sampla amháin a thabhairt, breathnaímis ar an sliocht seo a leanas ó Elie Wiesel ar thagraíomar dó cheana:

> When I am thinking of my personal experience, there comes to mind, as a luminous example, François Mauriac. I, a Jew, owe to the fervent Catholic Mauriac, who declared himself in love with Christ, the fact of having become a writer . . . Once Mauriac dedicated a book to me and he wrote: 'To Elie Wiesel, a Jewish child who was crucified'. At first I took it badly, but then I understood that it was his way of letting me feel his love. (Monda 2007: 176)

Dá ainneoin seo, dúirt Máire Mhac an tSaoi in agallamh gur díreach mar seo a tháinig an dán chuici, an tUileloscadh a fheiceáil i dtéarmaí na Páise. Ní mór a chur san áireamh freisin gur comhdháil faoi Chríostaithe agus Ghiúdaigh a thug go dtí an Víne sa chéad áit í. Dúirt sí chomh maith go mbaineann an dán craitheadh aisti i gcónaí, faoi mar a bhain an dealbh féin creathadh aisti nuair a thug sí cuairt uirthi, an íomhá miotail (macalla eile ón mBíobla) ar a ceithre cnámha chomh maorga sin gur chuma nó mídhaonna nó fiú aindaonna bheith i do cholgsheasamh. Ach fiú más í dealbh Hrdlicik a gheit an dán, braithim nár bheag an chabhair fréamhacha an fhrith-Naitsíochais a bheith ginte san fhile i bhfad siar de bharr an turais go Salzburg nuair nach raibh Máire ach dhá bhliain déag d'aois, ní áirím an chomhairle a chuir a máthair uirthi roimh ré. Is díol spéise é gur reic an t–údar an dán seo ag Comóradh Lá Cuimhneacháin an Uileloiscthe i mBaile Átha Cliath sna blianta 2003, 2004 agus 2012.

Ceann de na tréithe is suntasaí i bhfilíocht Mháire Mhac an tSaoi is ea an chaoi a bhfuil an saol poiblí agus an saol príobháideach fite fuaite ina chéile ina cuid cumadóireachta.

Smaoiním ar an mbealach ar mhúnlaigh Cogadh na Saoirse agus Cogadh na gCarad a hóige, ar an bpáirt lárnach a bhí ag a hathair is a máthair araon sna himeachtaí seo, ar an ról fíorthábhachtach a d'imir a hathair i bhforbairt an stáit nua neamhspleách agus ar a mhinice a bhí a hathair as baile le linn a hóige, bíodh sé ar a theicheamh nó i mbun cúraimí stáit. Is díol spéise an dán a chum Máire faoi leimhe na glúine a tháinig chun cinn tar éis na réabhlóide: 'Cam reilige 1916-1966':

> [...] we felt, not without some regret, that we would not be called upon to die for Ireland. I wrote two early poems on that theme – one in Irish and one in English – which reflect, to the best of my knowledge, the rather muted condition of our contemporary mindset. The Irish one is also interesting in that it is not easy to translate. Its warp is the quietist message, and the highly idiomatic and metaphorical language of the medium, with its harmonising vowel sounds, weaves through the whole to pull it together in a way I find I cannot at all convey in English. However, a prose translation at least allows the reader to judge it in the context of the prevailing mood among the young when it was written, sometime in the 1930s. I was never entirely happy with it and did not finally publish it until the 1960s, when I took it out again and dusted it off for the 1966 commemoration of 1916. (2003: 141-2)

Iadsan a cheap an riail,
'Mheabhraigh an dualgas,
A d'fhág fuarbhlas orainn,
Oidhrí na huachta,
Fé ndear gur leamh anois
Gach ní nach tinneall
Íogair ar fhaobhar lice
Idir dhá thine.

Fear lár an tsúsa
Conas a thuigfeadh san
Oibriú an fhuachta
Ar bhráithre na n-imeallach?
Cár ghaibh ár mbagairt ar
Fhear lár na fichille?
Amas a crapadh ar
Chiosaíbh an imeartha!

Lonnú is fearann dúinn
Bord na sibhialtachta;
Cad a bheir beatha ann
Seachas ar phrínseabal?
Ná caitear asachán linn
Linne – lucht céalacain –
B'shin a raibh d'acht againn;
Ár gcoir? Gur ghéill ann! (2011: 106)

Is treise fós an nasc agus agus an teannas cruthaitheach agus
mothálach idir an t-athair agus an iníon sa dán 'Fód an
imris: Ard-Oifig an Phoist 1986':

Anso, an ea, 'athair, a thosnaigh sé?
Gur dhein strainséirí dínn dá chéile?
Anso, an ea?
[...]

Le haois ghnáthaíomar a chéile thar n-ais;
D'fhoghlaimís carthain,
Ach b'éigean fós siúl go haireach;
Do mheabhair agus th'acfainn chirt

Níor thaithigh cúl scéithe;
Comhaos mé féin is an stát,
Is níor chun do thola do cheachtar. (2011: 110, 112)

Sa dá líne dheiridh thuas, airímid aiféala ionraic an athar agus na hiníne araon, agus ba dhóigh liom gur beag duine a léigh na cuimhní cinn a thuig na mothúcháin ghoirte as ar fáisceadh teideal an tsaothair.

Braitear an teannas cruthaitheach idir an saol poiblí agus an saol príobháideach arís sa dán 'Codladh an ghaiscígh'. Eascraíonn an aiste ón gcinneadh a rinne an file agus a fear céile, Conchúr Crús Ó Briain, leanbh gorm a uchtú (2003: 297-300):

Ceannín mogallach milis mar sméar –
A mhaicín iasachta, a chuid den tsaol,
Dé do bheathasa is neadaigh im chroí
Dé do bheathasa fé fhrathacha an tí,
A réilthín maidine tháinig i gcéin.

Is maith folaíocht isteach!
Féach mo bhullán beag d'fhear;
Sáraigh sa doras é nó ceap
I dtubán – chomh folláin le breac
Gabhaimse orm! Is gach ball fé rath,
An áilleacht mar bharr ar an neart –

Do thugais ón bhfómhar do dhath
Is ón rós crón. Is deas
Gach buí óna chóngas leat.
Féach, a Chonchúir, ár mac,

Ní mar beartaíodh ach mar cheap
Na cumhachta in airde é 'theacht.

Tair go dtím bachlainn, a chircín eornan,
Tá an lampa ar lasadh is an oíche ag tórmach,
Tá an mada rua ag siúl an bóthar,
Nár sheola aon chat mara ag snapadh é id threosa,
Nuair gur tú coinneal an teaghlaigh ar choinnleoirín óir
duit.

Id shuan duit fém borlach
Is fál umat mo ghean –
Ar do chamachuaird má sea
Fuar agam bheith dhed bhrath.

Cén chosaint a bhéarfair leat?
Artha? Leabharúin? Nó geas?
'Ná taobhaigh choíche an geal?'
Paidir do chine le ceart.

Ar nós gach máthar seal
Deinim mo mhachnamh thart
Is le linn an mheabhruithe
Siúd spíonóig mhaide id ghlaic!
Taibhrítear dom go pras
An luan láich os do chneas
I leith is gur chugham a bheadh,
Garsúinín Eamhna, Cú na gCleas (2011: 118, 120)

Chum an file an dán seo le linn an achair a chaith sí ag teagasc i mbunscoil Dhún Chaoin, 1969-70 (2003: 305), agus is díol spéise é go n-áiríonn sí é ar cheann de na dánta is fearr a chum sí. Má dúradh nach bhféadfadh éinne eile ach Máirtín Ó Direáin 'Cranna foirtil' a chumadh, is féidir a rá chomh dearfa céanna nach bhféadfadh éinne eile ach Máire Mhac an tSaoi 'Codladh an ghaiscígh' a chumadh. Cuimsíonn an dréacht seo cothromaíocht agus comhaontas álainn foirfe idir saibhreas an traidisiúin agus an guth pearsanta. Is díol suntais na tagairtí ar fad don mhiotaseolaíocht agus don bhéaloideas, tagairtí sainiúla a léiríonn cé chomh diongbháilte is atá teanga agus braistintí an údair fréamhaithe sa tsaíocht dúchais. Cuir leosan na téarmaí ceana ar fad a chríochnaíonn in -ín: 'ceannín', 'maicín', 'réilthín', 'circín', 'coinnleoirín'. Tá bród, gean agus imní na máthar ina n-orlaí tríd an dán ó thús deireadh agus braitear teannas leochaileach idir grá na máthar uchtála agus grá na máthar breithe. Snáth mothálach eile atá ag sníomh tríd an dán is ea an imní íogair faoin gciníochas, imní a shroicheann a buaic sa líne: 'ná taobhaigh choíche an geal'. Caithfidh an mháthair aghaidh a thabhairt ar an bhféidearthacht go bhféadfadh a maicín féin iompú ina coinne ach foghlaim faoin leatrom a d'imir an cine bán ar an gcine gorm in imeacht na staire. Cé go mbrisfeadh sé a croí, bheadh uirthi a admháil nach dtógfaí air é dá ndéanfadh sé an cinneadh sin. Is í an imní seo a thugann toise ar leith don dán seo agus a choinníonn maoithneachas intuigthe an ghrá máthartha faoi shrian.

Ní miste freisin aird a thabhairt ar an tagairt fhollasach oscailte do na tuismitheoirí uchtála féin i gcorp an dáin: 'Féach, a Chonchúir, ár mac'. Ní mé an bhfuil macalla bíobalta le fáil anseo freisin, inbhéartú ar bhriathra Íosa ar an gcroich nuair a chuir sé Muire agus Eoin Bruinne faoi choimirce a chéile: 'féach, a bhean, do mhac (Eoin : 19, 26). Má tá bonn leis an mbraistint seo, tá gean bródúil coimirceach na máthar á shailliú ag an tuiscint nach ann don fhíorghrá gan pian na híobartha.

Mar is dual do gach criticeoir, ba mhaith liom clabhsúr a chur leis an aiste seo le dán nach bhfuil fáil air in *An paróiste míorúilteach* (2011). Foilsíodh 'Ingeanna fáis' in *An galar dubhach* (1980):

Cé chaith uirthi in airde na giobail sin in ao' chor?
Mo chailín catach, gleoite mar bheadh leanbh an tuincéara!
Is mo mhac beag in' amhránaí paip
D'éalaigh as *Grease* – Cabhair Dé chughainn!

Lasarus nuair d'fhill ón tuama ar athraigh sé a thréithe?
Billí na sochraide gan íoc, tíorántacht na ndriféarach –
Is tar éis na scléipe thart ar ghoill cúram iníne ar Iéaras?

Is milis iad an bheatha bhaoth is fairsinge an aeir bhoig
Ach a bhfuil de dhua a leanann iad – Céad moladh agus
 buíochais!
Treoir dúinn, a Dhé, an turas thar n-ais, leathdhuine i
 mbun téarnamha! (24)

Tosnaíonn an dán le spraoi, cur i gcéill, cur i gcás agus samhlaíocht na ngasúr. Ansin bogann sé ar aghaidh chuig dhá mhíorúilt shuntasacha ó na soiscéil nuair a thóg Íosa iníon Iéarais agus Lazarus faoi seach ó mhairbh. Ach dá iontaí iad na míorúiltí seo, fós féin, nuair a tháinig deireadh leis an gceiliúradh agus leis an scléip thosaigh, b'éigean don ghnáthshaol leanúint ar aghaidh. Níor chosain an mhíorúilt an té aiséirithe ó chúraimí an tsaoil. D'ól comharsana Lazarus gach braon a bhí sa teach agus tuilleadh le cois le linn an tórraimh. Anois bheadh air na billí a íoc, ní áirím cur suas le clamhairt na ndeirfiúracha ar feadh an chuid eile dá shaol. Mar an gcéanna le hiníon Iéarais: nuair a shíothlaigh an rírá, bhí ar na tuismitheoirí déileáil le gnáthdhéagóir mná: taghdach spadhrúil agus í ag teacht in inmhe. Ach sin é an saol iarbhír agus sin í an fhíormhíorúilt, aghaidh a thabhairt ar iontas, áilleacht, deacracht agus dúshláin an tsaoil sin ó lá go lá. Sin í an mhórbhraistint a eascraíonn ó oilithreacht fhileata Mháire Mhac an tSaoi agus óna cuimhní cinn araon.

In agallamh a rinne sí le Harry Kreisler, Ollscoil California, Berkeley (2000), chuir an t-agallóir an cheist seo a leanas uirthi chun clabhsúr a chur leis an gclár: 'What would you like to achieve by leaving the legacy of this poetry in your native language?'

> I would like people to realize the importance of being themselves, of acknowledging what they are, where they come from, and of being, to a certain extent, proud of it but above all reconciled to it, being what you are, and of course not whinging. (2000)

Ní beag sin ó leathdhuine i mbun téarnamha.

DÁN CRUINN BEO

Dónall Ó Corcora

Inquisitio 1584

Sa mbliain sin d'aois ár dTiarna
Cúig céad déag ceithre fichid,
Nó blianta beaga ina dhiaidh sin,
Seán mac Éamoinn mhic Uiliuig,
Lámh le Sionainn do crochadh –

Lámh le Sionainn na scuainte,
I Luimnigh, cathair na staire,
Seán mac Éamoinn mhic Uiliuig,
Aniar ó pharóiste Mhárthan,
Ba thaoiseach ar Bhaile an Fhianaigh.

Tréas an choir, is a thailte
Do tugadh ar láimh strainséara;
Is anois fé bhun Chruach Mhárthan
Níl cuimhne féin ar a ainm,
Fiú cérbha díobh ní feasach ann.

Nára corrach do shuan,
A Sheáin mac Éamoinn mhic Uiliuig,
Ar bhruach na Sionainne móire
Nuair shéideann gaoth ón bhfarraige
Aniar ód cheantar dhúchais.

Is ar éigean atá dán dá bhfuil de dhánta i *Nuabhéarsaíocht* (1950) is minicí a thagann os comhair m'aigne ná 'Inquisitio 1584' ó pheann Mháire Mhac an tSaoi, agus níl uair dá dtagann ná go dtugaim taitneamh dó. Tá dánta eile sa leabhar luachmhar san a bhfuil níos mó sonnrachais ag roinnt leo, ach má tá féin, ní thagaid thar n-ais chun na cuimhne chomh minic leis, chun mo chuimhne-se ach go háirithe, agus ní hí an fháilte chéanna a gheibhid ar a dteacht.

Cad fé ndear an síor-fhilleadh agus an taitneamh? Na tréithe is cúis leis an síorfhilleadh agus an taitneamh, táid chomh soiléir sin sa dán gurb ar éigean is gá aon iniúchadh cruinn a dhéanamh orthu ach amháin iad a dheighilt óna chéile agus focal nó dhó a rá orthu ina dtréith agus ina dtréith.

Os cionn píosa ceoil is minic ná feicimid mar theideal ach 'Op. No. 2' nó a leithéid, agus os cionn lirice 'Soinéad' nó 'Amhrán'. Teipeann ar an gcumadóir, ar an bhfile, teacht ar theideal a chuirfeadh le brí a iarrachta, nó tuigtear dó nach gá teideal ar bith. Ní mar sin don dán so. Gan 'Inquisitio 1584' a bheith os a chionn ní thuigfimis é. Cuid cheart den dán is ea é, agus cuid tábhachtach. Oibríonn sé ar shamhlaíocht an té a thuigeann é go díreach fé mar a dhéanfadh *prelude* do phíosa ceoil – dornán de chordaí, abair. Cuireann a leithéid ár n-aigne in oiriúint chun glacadh le brí an cheoil; agus is minic a dhéanann *prelude* níos mó ná san. Is minic is ionann agus dúshlán é, is é sin is ionann agus caighdeán é: tugann sé slat tomhais don lucht éisteachta. Is mar sin don teideal 'Inquisitio 1584'. B'fhearr liom i nGaeilge é ná sa Laidin, ach ní fheicim go bhféadfaí teacht ar fhocal Gaeilge fé láthair a mbeadh baint aige le cúrsaí dlí agus cúrsaí staire agus le ré áirithe aimsire chomh maith. Ní hé sin amháin é, ach tá blas na croinice, blas na stáidiúlachta ar an bhfocal *inquisitio* féin. Idir seo agus siúd, tá an teideal rí-cheart.

Tá dhá chuid sa dán: trí véarsaí agus ceangal. Tá an ceangal ar an ndul gcéanna i bpáirt méadair agus ceoil agus urlabhra dhe; ach maidir le spiorad tá sé ar dhul is airde, is treise, is paisiúnta. Chífimid ar ball fé mar a théann an ceangal do na véarsaí sin. Agus ní trí sheans atá an difríocht idir an dá chuid ann; agus difríocht suaithinseach is ea í. Chífimid é sin freisin.

Uaireanta déanann péintéir stánadh agus síorstánadh ar an bpictiúir a bhíonn idir lámhaibh aige. Níl ag éirí leis; agus ní ró-chruinn a thuigeann sé cad í an léic atá ann. Ansan cuireann sé, abraimis, iarracht eile de dhath ar bhall áirithe den bpictiúir – é eaglach go loitfidh sé é. Ach ní i gcónaí a loiteann. Uaireanta chíonn sé láithreach go bhfuil aige. 'Tá agam,' adeireann sé go buacach. Ach cad é a bhíonn aige? Aon rud amháin, dar lena aigne, seachas cnuasach de rudaí arb ábhar pictiúra gach ceann acu, dar lena aigne.

Agus is é an t-aon iarracht amháin de dhath ar leith a oibríonn an mhíorúilt sin dó. Don bhfile a scríobh 'Inquisitio 1584' ,is é an ceangal a dhein an mhíorúilt. Do bhí aici! Is é sin do bhí aon rud amháin aici – agus é beo!

Is ionann aon rud amháin agus aontacht. Agus ní beocht go haontacht. Ach ní dhéanfaidh aontacht de shaghas ar bith cúis i gcónaí. Cuir i gcás an aontacht a shásódh an aigne ach ná sásódh an tsamhlaíocht.

Tá an dá shaghas san aontachta le fáil in 'Inquisitio 1584'. Tá saghas amháin acu sa gceangal – (ní miste an ainm sin a thabhairt ar an véarsa deireannach) – agus an saghas eile sa gcuid eile den dán.

Is beag ná go bhfuil dán cruinn againn sa 'gcuid eile' sin. Tá iomlán an scéil ann. Scéal bróin is ea é, scéal uafáis. Ach d'imeodh an scéal san láithreach, uafás agus eile, ó aigne an té a léifeadh é. Léimid scéalta chomh lán donais leis ar na nuachtáin gach lá: ní fhágaid rian ar bith ar ár n-aigne. Ba chuma le léitheoir na dtrí véarsaí sin ciacu ar mhair Seán mac Éamoinn mhic Uiliuig riamh nó nár mhair; ba chuma leis muintir Bhaile an Fhianaigh do dhéanamh dearmaid de.

Ach féachaimis ar na trí véarsaí sin. Níl iontu ach léiriú an ábhair – cnámha an scéil; agus ní miste 'cnámha' a thabhairt ar a bhfaighimid iontu, táid chomh tirim, chomh lom, chomh cruaidh sin. Agus is gairid grod an tslí ina dtugtar dúinn iad:

> Tréas an choir, is a thailte
> Do tugadh ar láimh strainséara . . .

go grod, go gonta. Agus is beag ná go bhfuil insint féin an scéil gan trua gan taise. Tabhair fé ndeara go bhfuil dul an phróis ar na véarsaí sin. Má dhéanaimid 'do crochadh' a aistriú go tosach na ceathrú líne, píosa glan-phróis is ea an chéad véarsa. Ach, go deimhin féin, ní miste píosa próis a thabhairt air sa chuma ina bhfuil sé. Ná ar an dá véarsa eile a leanann é. Agus cá bhfuil le fáil sna véarsaí sin na haidiachta bláthmhara dathmhara a ghabhann le filíocht de ghnáth? Agus cad chuige go bhfuil samhailteacha suaithin-seacha ar iarraidh ar fad – an gléasadh san atá chomh beo leis an mbeocht féin nach mór? Ní hann dóibh. Ach ná tuigtear ná fuil cur amach ag an bhfile orthusan go léir. Gheibhimid i ndán eile léi sa leabhar céanna:

Le coinnle na n-aingeal tá an spéir amuigh breactha,
Tá fiacal an tseaca sa ghaoith ón gcnoc –

Agus b'fhéidir gur leor an dá líne sin chun a chur i dtuiscint dúinn nach gan fáth atá 'Inquisitio 1584' folamh óna leithéid. Ach féach freisin ná fuil fiú agus aon fhocal liteartha amháin sna trí véarsaí sin. Agus is ar éigean a airímid an ceol agus an méadar atá iontu ar a shimplí atáid araon.

Ach dá loime, dá fhuaire, dá phléineálta atá na trí véarsaí, idir mhianach agus stíl, gabhann a dtréithe go ródhlúth le chéile. Táid na tréithe sin, ar shlí, ar nós tréithe teachtaireachta, ar nós tréithe cáipéise, ar nós tréithe croinice. Tá blas na staire orthu go léir. Luíod ar phlána na staire – plána ná baineann spiorad leis. Agus, de bhrí gur ar phlána áirithe dhóibh, tá saghas áirithe aontachta iontu. Ach ní hé an saghas é a dhúisíonn samhlaíocht an duine.

Is beag ná go bhfuil teideal an dáin curtha ar ceal ag na véarsaí sin mar, fé mar aduart, dúisíonn an teideal iarracht de chuimhne ina bhfuil meascadh d'uafás agus d'fheirg. Agus dá mba ná beadh sa dán ach na trí véarsaí sin do bheadh díomá dian orainn tar éis a léite. Ní shásódh an plána san na staire gona cháipéisí agus croinicí agus eile sinn. Ní ar a leithéid a chuir an teideal sinn ag lorg, bíodh go bhfeicimid gur nádúrtha cáipéisí agus croinicí a theacht i gceist le teideal dá shórt. I gan fhios dúinn, tá plána eile á lorg againn.

Agus isteach linn ar an bplána san agus gan ach cúpla focal eile ráite ag an bhfile. Ní léir, ámh, an iad na focail féin a dhéanann an tsóinseáil nó teocht an ghutha atá á rá. Ní ar chúrsaí staire atá an guth ag labhairt ach le *duine.*

Nára corrach do shuan,
A Sheáin mac Éamoinn mhic Uiliuig . . .

agus na línte a leanann iad san, is beag má tá fiú agus líne orthu ach gur léamar cheana é san véarsaí eile – ach cad é mar athrú atá tar éis teacht orthu! Déanann *rudaí* de *fhocail,* déanann *áiteanna* de *logainmneacha* – Márthan, Baile an Fhianaigh, Bruach na Sionainne. Agus, as ucht na sóinseála san, déanaid go léir dian-luí isteach ar an samhlaíocht. Is beag ná go dtugann an guth daonna san an teocht féin thar n-ais i mballa beatha an duine a crochadh i Luimnigh na céadta bliain ó shoin. Airímid, tá a *fhios* againn, go bhfulaingeodh sé pianta níba dhéine ná iad san a ghabh é le linn a chrochta dá ndúisíodh sé agus an ghaoth aniar a bheith ag séideadh!

Tá sé ag rith chugainn um an dtaca so nárbh ann in aon chor don chumhacht san go léir atá sa gceangal ach amháin stíl dá mhalairt a bheith sna véarsaí roimis – dul an phróis a bheith orthu, aidiachta ar ceal, insint an scéil chomh lom san. Ach sa gceangal féin, féach níl an gléasadh san le fáil ach an oiread. Níl, mar ní gá é. Déanann teocht an ghutha atá inár gcluais gach ní atá riachtanach. Ach bí deimhin de ná déanfadh ach amháin ullmhúchán ceart a bheith déanta cheana ina chomhair ag an bhfuaire agus an loime agus an easpa ornáideachais, agus fós ag an ndul san na croinice, atá sna véarsaí eile.

Níor chuir an péintéir úd aduart ach aon spota amháin de dhath ar leith ar a phictiúir, agus bhí aige. Agus, fé mar aduart, níor chuir an file ach an ceangal, spota de dhath paisiúnta, lena raibh scríte aici, agus bhí aici. Ach cad a dhein an ceangal leis na véarsaí eile sin? Do chuir sé beocht i ngach líne díobh siar go dtí an líne tosaigh. (Bhuel, ná táinig beocht i ngach cuid de phictiúir an phéintéara freisin.) Féadfaí a rá, más ea, i dtaobh 'Inquisitio 1584' go bhfuil trí cheathrú dhe scríte ar phlána fé leith ach go bhfaighimid an dán go hiomlán a bheith scríte ar phlána eile. Ach ní rud nua é sin – go mór-mhór i bhfilíocht na Gaeilge. Ach is le ceardaíocht a bhaineann sé i gcónaí.

Ní fheicim go bhfuil baol ann go dtiocfaidh meath ar an liric seo go luath, ná dearmad, mar níl aon iarracht den 'nuachtánachas' ann, ná den bhréag-ghastacht, ach ina n-ionad san saghas simplíochta atá uasal. Agus tá tréith eile ann a sheasóidh dó – ábhar nádúrtha. Is léir ar an gceangal nach uaithi féin amháin a labhrann an file ach uainne féin go léir chomh maith; agus táimid buíoch di. Agus is é nádúrthacht an ábhair freisin a thugann thar n-ais chun cuimhne gach duine againn Baile an Fhianaigh eile. Cúig bliana fichead ó shoin, do bhaineas féin amach an teampall beag briste a thóg Seathrún Céitinn agus duine eile i dTiobraid. Ceaptar gurb ann nó comhgharach dó a cuireadh é – tá leacht dó i gceann de na fallaí. Thugas fé ndeara gurbh ar éigean a bhí rian coise fé dhéin an leachta san. Os cionn uaighe Thaidhg Ghaelaigh i mBaile Uí Laithnín do tógadh leacht sa bhliain 1910. B'é an Canónach de Paor nach maireann ba mhó a fuair dua a thógtha. Nuair a chuas féin agus triúr eile ann leathdhosaen de bhlianta ó shoin, fuaireamar an reilig go léir múchta ag fiántas fáis. Fear óg ón mball – chabhraigh sé linn teacht ar an uaigh, ach níorbh é a aimsigh í.

Nuair a chuireann liric i gcuimhne do dhuine eachtraí

beaga a bhain dó féin, is é nádúrthacht an ábhair an chúis, fé mar atá ráite agam; agus a fhios san a bheith ag duine, tá slat tomhais aige chun a leithéid d'ábhar a aithint; mar ábhair eile – iad san a bhainfeadh file as an aer, mar adúirt Goethe, níl de neart iontu dul i dtreis le substaint daonna an tsaoil seo.

Ach, seachas an t-ábhar, do bhí fórsaí eile ag cabhrú leis an bhfile – a greim féin ar an gcúlráid – nó cúlráidí, b'fhéidir. Déarfainn go bhfeicimid trí cinn acu – an chúlráid liteartha agus an chúlráid staire agus an log-chúlráid.

– *Feasta*, Feabhra 1953, 16-17.

Cóiriú na cuimhne i saothar Mháire Mhac an tSaoi

Ríona Ní Fhrighil

'Filíocht de chuid na mothúchán' seachas 'filíocht de chuid na hintleachta' an cur síos a rinne Michael Davitt tráth ar fhilíocht Mháire Mhac an tSaoi (1984: 52). Is minic a thugann an file féin le fios gur faoi 'bhrú an-mhór mothaithe' a chumann sí a cuid dánta (*Ibid.*). Is ar an ghrá mar théama is mó a labhair an file agus í faoi agallamh ag Harry Kreisler sa bhliain 2000 agus ag Páraic Breathnach sa bhliain 2008. Dá léirsteanaí tuairimí an fhile féin, áfach, nuair a scrúdaítear na cnuasaigh filíochta ar fad go grinn agus nuair a dhéantar scagadh ar shaothar próis Mhac an tSaoi, is amhlaidh a thagann mórthéamaí tábhachtacha eile chun solais. Dá éagsúla lena chéile na saothair féin, baineann *A concise history of Ireland* (1972), *The same age as the State* (2003), *A bhean óg ón . . .* (2001), *Cérbh í Meg Russell?* (2008) agus *Scéal Ghearóid Iarla* (2011a) ar dhóigh amháin nó eile, leis an tabhairt chun cuimhne agus leis an léamh a dhéanann dreamanna éagsúla ar an am atá thart. Tá an-aird ag Mhac an tSaoi ar an ghaol ghairid seo idir an stair agus an chuimhne agus féachann sí le hiniúchadh a dhéanamh ar an cheangal seo. Ní hí a tuiscint phearsanta féin amháin is cás léi, áfach. Os a choinne sin, is léir gur mian léi tuiscint an phobail a chothú agus na hinsintí éagsúla a d'fhéadfaí a dhéanamh ar an am atá thart a léiriú. Is téamaí iad seo a thagann chun cinn i bhfilíocht Mhac an tSaoi fosta. Ní hamháin go bhfuil riar dánta bunaithe ar chuimhní cinn ar leith ach, mar a léireofar thíos, tugann dánta mar 'Ceann bliana' agus 'I leaba an dearúid, an tarcaisne' léargas ar a chigiltí agus ar a íogaire atá ceisteanna a bhaineann leis an chuimhne a bhíonn ag duine nó ag pobal ar an am atá thart.

Ceist atá ag dó na geirbe aici óna hóige anall, de réir bhreith a béil féin, ná 'Cérbh é Piaras Feiritéar?' (Mhac an tSaoi 2008: 12) Tugtar cuntas gairid ina dírbheathaisnéis ar an tsíorthrácht a chluineadh sí ar an Fheiritéarach, ridire agus laoch scéalaíochta, i dTigh na Cille agus í ina girseach óg. Bhíodh an tAthair Ó Duinnín ag stopadh lena huncail an tAthair de Brún i dTigh na Cille agus eagrán úr de dhánta an Fheiritéaraigh á réiteach don chló aige (Cruise O'Brien 2003: 84). Ach an réamhrá a chuir an tAthair Pádraig De Brún le heagrán an Duinnínigh a léamh, rithfeadh sé le duine gur le hoidhreacht a fuair Máire Mhac an tSaoi an tsuim léannta i bPiaras Feiritéar agus in insint na staire féin. Is mar seo a leanas a chuir an tAthair de Brún an meas s'aigesean ar fhaillí na staire in iúl go lom neamhleithscéalach sa réamhrá úd:

Ach maireann cuimhne an ridire fós i gCorca Dhuibhne, tar éis na gcéadta blian, cé gur beag trácht thairis atá le fagháil insa stair scríbhte. Rud a theasbáineas dúinn a mhanntaighe atá an stair chéadna, gur as Pháipéir Stáit Bhaile Átha Cliath agus Lonndain a cuirtear le chéile a fhurmhór. Dá mba ridire Sasanach don am chéadna Piaras, do bheadh a chlú fóirleitheadamhail ag staraidhthe agus ag scéalaidhthe, agus bheadh a dhánta 'na n-iomlán le léigheamh i leabhartha breághtha. Ach fé mar tá, níl le rádh ag Páipéir Stáit 'na thaobh ach gur diúltuigheadh párdún dó tar éis a chómhraic ar son a Chreidimh agus a thíre, gur fháisc an siollán a scórnach bhinn, go bhfuair bodairí gallda a thalmhaintí. Níl fágtha againn d'oibreacha a shaoghail ach seanchas diamhair fírinne agus áiféis tré n-a chéile, agus an dornán beag so de dhánta a bhailigh an tAthair Ó Duinnín le géarlorg agus le díograis as láimh-scríbhinní. (De Brún 1934: 10)

Corradh is céad bliain i ndiaidh don Bhrúnach na heasnaimh seo ar stair oifigiúil na hÉireann maidir leis an Fheiritéarach a thabhairt chun solais, d'fhéach Mhac an tSaoi le cuid den fhaillí sin a chur ina ceart. An bhaint a bhí ag Piaras Feiritéar le huasaicme Shasana agus an léargas a thugann sé sin dúinn ar shaol na mionuaisle Gaelacha lena linn is ábhar don saothar scolártha *Cérbh í Meg Russell?* (2008). Agus an ghné seo de shaol agus de phearsantacht an Fheiritéaraigh faoi scrúdú aici, cuireann an t-údar foinsí den uile chineál sa mheá gan leisce ná leithscéal, foinsí liteartha, cáipéisí stairiúla, foinsí béaloidis agus foinsí ealaíne san áireamh. Is rí-léir gur beag ar Mhac an tSaoi an t-amhras a chaitear go minic ar fhoinsí ó bhéal i ríomh na staire. Leoga, déanann sí tábhacht an tseanchais agus chuimhne an phobail a dhearbhú, ag maíomh go diongbháilte gur 'minic cuimhne an phobail ina ghluais dhathannach eolais ar chúrsaí staire' (Mhac an tSaoi 2008: 99). Tá an dathú céanna ag roinnt le stíl na tráchtaireachta ag Mhac an tSaoi féin. Is beag a beann ar ghnásanna acadúla; cuireann sí suas don tuairisciú lom neamhchlaonta oibiachtúil, mar dhea, agus í ag trácht go fileata agus go ceanúil sa leabhar ar Phiaras 'so againne'.

Tá tábhacht na fianaise béil á haithint de réir a chéile i

réimse na staireagrafaíochta, rud atá le sonrú ar na saothair cheannródaíocha *Black '47 and beyond* (Ó Gráda 1999), *Remembering the Year of the French* (Beiner 2007) agus *Ó Chéitinn go Raiftearaí* (Morley 2011), mar shampla. Chomh fada siar leis an bhliain 1992, áfach, in alt léi dar teideal 'Ar thóir Ghearóid Iarla', léirigh Mhac an tSaoi tuiscint iontach íogair ar nádúr chuimhne an phobail agus ar na castachtaí a bhaineann le ríomh na staire. Maidir le laghad na bhfoinsí Gaeilge a chuirtear san áireamh go minic agus an ríomh sin ar bun, mheabhraigh sí don léitheoir nach cúrsaí teanga amháin ba chúis leis an neamhiontas sin:

> Fairis sin tá bearna shiceolaíochta i gceist: cuireann ár dtabhairt suas ar fad sa riocht sin sinn ina bhfeicimid stair Shasana agus stair na Mór-Roinne i gcoitinne mar a bheadh aistear eagraithe, rialta i dtreo na sibhialtachta, agus inar léir dúinn stair na tíre seo, agus stair na nGael go háirithe, mar a bheadh anord pictiúrtha, dothuigthe ar imeall na gluaiseachta. (22)

Ní leanann cuimhne an duine ná cuimhne an phobail den chonair aontreoch a mbíonn an t-am atá thart mar cheann uirthi agus an t-am atá le teacht mar cheann scríbe. Is chuige sin a bhíonn an t-údar a aithníonn tábhacht chuimhne an phobail. Ní hamháin go dtugann traidisiún béil na ndaoine 'tuairisc ar athrach cultúir seachas an córas lárnach agus ar mhalairt féiniúlachta i leataobh ón leagan oifigiúil' (Mhac an tSaoi 1992: 22), ach ina theannta sin, cuireann sé an tréimhsiú agus an rangú a dhéanann staraithe acadúla ar an am atá caite dá bhonnaí.[1]

Más bocht le Mhac an tSaoi na cuntais staire atá dírithe rómhór ar an chóras lárnach, mar a thugann sí air, is é sin stair pholaitiúil agus bhunreachtúil an Stáit, b'aisteach, b'fhéidir, le duine an teideal a cheap sí dá dírbheathaisnéis féin, *The same age as the State* (2003). Tugann an teideal le fios gurb é an Stát agus mórimeachtaí polaitiúla a linne a chuirfeas cruth ar an insint agus a imreos tionchar ar na cuimhní a roghnófar. Ní dírbheathaisnéis go cuimhne, ar ndóigh, agus is den tabhairt chun cuimhne an ligean i ndearmad. D'fhéadfaí an dara léamh a dhéanamh ar an teideal, áfach. Líne as an dán 'Fód an imris: Ardoifig an Phoist 1986' atá sa teideal féin: 'Comhaos mé féin is an stát' (2011: 112). Más ionann aois dóibh féin, tugann an chéad líne eile sa dán le fios nárbh aon ábhar maíte ná údar mórtais an ceangal céanna i súile a hathar: 'is níor chun do thola do cheachtar' (*Ibid.*). Tá an tabhairt chun cuimhne ar cheann de phríomhthéamaí an dáin – an comóradh poiblí ar Éirí Amach na Cásca 1916; cuimhní na haicme a ghnóthaigh saoirse na tíre; cuimhní na chéad ghlúine eile a tháinig in inmhe leis an Stát; cuimhní pearsanta an reacaire féin. Ós rud é gur mhair an t-údar i gcomhaois leis an Stát, áfach, fágann sé sin tábhacht lena fianaise phearsanta féin – ní scéal scéil atá aici ach cuimhne agus taithí phearsanta ar an am atá díreach thart, an tréimhse is deacra do dhaoine a suaimhneas a cheapadh léi, dar le Mhac an tSaoi féin (Cruise O'Brien 2003: 9). Má tá nod don chiall cheannaithe agus do ghaois na seanaoise i dteideal na dírbheathaisnéise, ina dhiaidh sin, tá muinín agus macántacht an té nach gá di géilleadh do scéal oifigiúil an Stáit le tabhairt faoi deara ar ábhar an leabhair.

Tá na téamaí seo faoi chóiriú na cuimhne agus faoin chuntas a thugtar ar an am atá thart chun tosaigh i bhfilíocht Mháire Mhac an tSaoi fosta. Is díol suntais ann féin a mhinice a thagann na focail 'cuimhním', 'is cuimhin liom' nó 'ba chuimhin liom' chun cinn i ndánta léi. As measc na dtrí dhán agus trí scór sa chnuasach *An paróiste míorúilteach* (2011), tá tagairt don tabhairt chun cuimhne i scór dán nó mar sin díobh. Comóradh poiblí ar imeachtaí polaitiúla a spreag cuid de na dánta is tábhachtaí léi ar a n-áirím 'Cam reilige (1916-66)', 'Fód an imris: Ard-Oifig an Phoist 1986' agus 'Shoa'. Caointe ar ghaolta agus ar chairde is ea cuid de na dánta is séimhe léi: 'Sunt lacrimae rerum', 'Fuair sí cuireadh na Nollag . . .', 'Adhlacadh iníon an fhile', 'Leagan ar sheanará', 'Tigh Mhóire ag caoineadh Shéamuis' agus 'Nec patris linquens dexteram' ina measc.

Is cosúil gurb í cuimhne easurramach ar an Athair Pádraig de Brún a spreag ceann de na dánta is binbí léi. Sa dán 'I leaba an dearúid, an tarcaisne' (2011: 200-204) glacann an file col le 'fear na féasóige' a thug le fios gur duine isteach ba ea an Brúnach, duine den lucht rachmais a thagadh ar cuairt go Dún Chaoin ach nach raibh ina bhall den phobal áitiúil le fírinne. Dar leis an fhile, is measa ná an bás féin an chuimhne fhealltach seo atá dall, ina tuairim siúd, ar an dáimh a bhí ag muintir na háite leis an Bhrúnach. Is bocht léi an easpa tuisceana atá ag an ghlúin atá anois ann ar an mhuintearas a bhí aige, de réir a cuimhní cinn féin, le pobal an cheantair. Faoi reacaire an dáin atá sé an tuairisc a chur ina ceart agus suáilcí an Bhrúnaigh a mheabhrú don léitheoir: an éirim chinn, an greann agus an cheanúlacht, an charthanacht, an fhéile maidir le heolas agus an umhlaíocht chuí i láthair mháistrí na Gaelainne.

Dála chlann Mhic Lóbais, is dream 'gan iúl, gan aithne' an ghlúin atá suas anois, dar le reacaire an dáin. Feictear di go bhfuil siad siúd beag beann ar an léann agus ar an dúchas. Tá 'screamh an Bhéarla' ar a gcanúint agus dúil shantach shaofúil acu sna pinginí – ag clúdach na seanláithreacha le foirgnimh ghránna. Is mór idir iad agus na daoine a chuaigh rompu; cainteoirí dúchais a shaothraigh an talamh agus a bhain fómhar na farraige ach a raibh aird acu ag an am chéanna ar an léann dúchais. Ar nós fhilí an tseachtú haois déag agus iad ag dul i ngleic le hathrú saoil agus stádais, tugann an file le fios gur díthreabhach í feasta agus fógraíonn sí go drámatúil: 'Bead ag imeacht anois,/ is ní móide go deo/ Go bhfillfead' (2011: 204).

Is léargas é an dán féin, áfach, ar a ilghlóraí atá an traidisiún béil. Má bhíonn dhá insint ar scéal, bíonn dhá leagan déag ar an stair féin. Cé gur mór ag an fhile ilghnéitheacht chuimhne an phobail mar a bhaineann le Piaras Feiritéar agus le Gearóid Iarla go speisialta, nuair a théann an chúis go cnámh na huillinne, is beag uirthi glacadh le malairt tuairimí faoin duine a áiríonn sise ar dhuine de na daoine 'ba thréithí agus ba shona a bhain leis an treibh' (in Rouault *et al.* 1971: brollach neamhuimhrithe).

Díríonn an file aghaidh a caoraíochta ar 'fhear na féasóige' agus déanann sí a chuid cainte a thagairt don phobal áitiúil ar fad. Léiríonn caint an fhir áitiúil, áfach, go raibh aird ag cuid éigin den phobal le linn ré an Bhrúnaigh féin ar an difear stádais idir iad féin agus an Brúnach. Ní hamháin go raibh an tAthair de Brún ina 'shagart uasal' mar a thugtar le fios sa dán, ach bhí sé ina mhoinsíneoir agus ina uachtarán ar Choláiste na hOllscoile, Gaillimh. Ina theannta sin, bhí deartháir leis ina chairdinéal agus deartháir céile leis ina aire stáit. Is ar éigean gur gá an t-ardstádas a bhí ag fear léinn agus ag fear eaglasta i measc an phobail sa chéad leath den chéad seo caite a aithris. Bhí mórán den phobal an t-am sin ar bheagán oideachais, ar ndóigh, agus bhí ómós scáfar acu dá réir don mháistir scoile, ní áirím don léachtóir ollscoile, dá chineálta agus dá thuisceanaí an fear céanna. Níor mhiste an méid a dúirt Tomás Ó Criomhthain féin faoin scoláire Ioruach Carl Marstrander a thabhairt chun cuimhne: 'fear breá, íseal uasal, agus dar ndóigh sin mar a bhíonn a lán dá shórt a mbíonn an fhoghlaim go léir orthu' (Ó Criomhthain 1980: 235). Cuimhnímis fosta ar fhocail an Bhrúnaigh agus é ag déanamh cur síos ar Chorca Dhuibhne sa bhliain 1903:

> Ní thagann puinn taistealaidhthe gallda ann. Tá buidh-eachas ag dul do lucht riartha na mbóithre i gConntae Ciarraighe, go dtugaid an palcú agus an tarra go léir do sna bóithre timcheall Beauty's Home agus Heaven's Reflex, i gcómhair na bPonncán agus na Sasanach, agus go bhfuil Corca Dhuibhne nach mór dearmhadtha aca. (De Brún 1934: 7)

Ní luaitear bochtaineacht an phobail go sonrach sa chuntas thuas ach tuigtear as go raibh an ceantar scoite amach go heacnamaíoch chomh maith le bheith scoite amach go tíreolaíoch agus go cultúrtha.[2] Tugtar le fios sa réamhrá chéanna gur turas gluaisteáin a rinne sé féin agus an Duinníneach thart ar an cheantar. Nuair a chuimhnítear nach raibh ach isteach is amach le trí scór gluaisteán i mBaile Átha Cliath ar fad faoi Aibreán na bliana 1904 (O'Brien 1982: 64), is furasta a shamhailt gur chuir pobal Chorca Dhuibhne suntas i ngluaisteán an Bhrúnaigh agus gur samhlaíodh rachmas leis, le ceart nó le héigeart.

Cé go dtuigfí as an dán go raibh an-tuiscint ag an Athair de Brún ar nádúr an duine dhaonna agus gur mheall sé comhluadar feirmeoirí agus iascairí áitiúla, rud nach mbeifí ag súil leis, b'fhéidir, sa ré áirithe sin, is é mór-íoróin an scéil ná go bhféadfaí a shamhailt go gcuirfeadh caint ghéar ghiorraisc an fhile treise leis an tuairim nach mothaíonn an sách an seang. Ina dhiaidh sin is uile, tugtar le fios sa dán go bhfuil leac greanta ar bhalla theach an phobail in ómós don Bhrúnach, ainneoin go dtugann an file le fios go bhfuil lucht a chosanta ar fad ar shlí na fírinne.

Is fíor don fhile, ar ndóigh, nuair a deir sí 'Rud gan anam an leac' (2011: 204). Más buan an leac féin, ní buan cuimhne an phobail óir tagann athrú uirthi de réir mar a thagann athrú ar chúinsí an tsaoil. Ina leabhar *History and memory in modern Ireland* (2001), meabhraíonn Ian McBride dúinn gur gá ligean i ndearmad an phobail a chur i gcomhthéacs stairiúil le tuiscint níos fearr a fháil ar na cúiseanna a mbíonn cuimhní áirithe thuas agus cuimhní eile thíos ó ghlúin go chéile. Más fíor don fhile, agus más bocht an chuimhne dáiríre atá ag an phobal áitiúil anois ar an Athair de Brún, níor dheacair a shamhlú go mbaineann scéal corrach na hEaglaise Caitlicí in Éirinn lenár linn féin le hábhar. Ag Dia amháin atá a fhios, áfach, cén cor a chuirfeas an saol de amach anseo agus cén t-athrú a thiocfas dá réir ar mheon agus ar chuimhní an phobail.

Más é dála Oisín i ndiaidh na Féinne ag an fhile é sa dán deireanach a phléigh mé, tá séimhe agus suaimhneas ag siúl leis an dán 'Ceann bliana'. Is é an tórramh bunmheafar an dáin agus tá tuiscintí an bhéaloidis maidir le gnásanna báis agus tórraimh ina n-orlaí fríd:

Cóirím mo chuimhne chun dulta dhi 'on chré,
Fillim spíosraí san eisléine léi agus airgead cúrsach;
Tá sneachta fós ar ithir na cille,
Sínim le hais an choirp ar mo leabaidh. (2011: 222)

Is í an chuimhne féin, áfach, seachas an duine atá á réiteach don chré. Baineann an pearsantú seo macalla as tráchtaireacht Jeffrey Prager, síocanailísí, a chuireann i gcás go mbíonn tionchar ag gnásanna agus ag tuiscintí an phobail mhóir ar chuimhne an duine aonair: '[memory is] activity, actively symbolizing the self's relation to its own body and to its social world' (Prager 1998: 219). Tá reacaire an dáin mar a bheadh bean tonachta nó bean nighe ann, í ag cóiriú na cuimhne i gcomhair an tsaoil eile. Tá idir bhrón agus dóchas i gceist leis an chóiriú chéanna, rud a mheabhródh don léitheoir tuiscintí Paul Ricoeur ar íocshláinte an chuimhnimh:

> But I believe that in certain favourable circumstances, such as the right given by another to remember, or better, the help contributed by others in sharing memories, recollection can be said to be successful and mourning to be checked along the fatal slope of melancholy, that attraction to sorrow. If it were so, happy memory would become memory at peace. (2004: 495-6)

Más faill ar bhliain chun aithrí a bhíodh mar ghuí ag an tseandream, is amhlaidh gurb é réiteach na cuimhne seachas réiteach an anama is cás leis an fhile, ámh. Féachann an reacaire le balsamú a dhéanamh ar chorp na cuimhne; is chuige sin na spíosraí atá á bhfilleadh san eisléine.[3] Tá idir thuiscintí dúchasacha agus thuiscintí Caitliceacha faoin saol eile le léamh ar an dán. Is beag aird a thugann an reacaire ar an tsean-rá a mhaíonn nach mbíonn aon phóca ar aibíd. Filleann sí airgead cúrsach san eisléine ar aon nós ar eagla go mbeadh gnó leis sa chéad saol eile. Tá tagairtí iomadúla sa bhéaloideas, ar ndóigh, do phíopaí, seálanna, bia agus uirlisí ceardaíochta a bheith á gcur i dteannta an mhairbh (féach

Tyers 1992: 147-8). I mbailiúchán Choimisiún Bhéaloideas Éireann, tá cur síos ag Mícheál Ó Gaoithín (1904-74) ar an channa adhmaid a mbíodh airgead i bhfolach ag daoine ann fadó: 'Is minic a d'fhág seanbhean le huacht an canna do chur sa chomhrainn in éineacht léi' (CBÉ 1462: 410).[4]

Tugann teideal an dáin le fios gur ceann na bliana atá ann. Go traidisiúnta, ar ndóigh, chreidtí go raibh naofacht ag roinnt leis an bhás a tharla idir an dá Nollaig agus go dtógfaí an té a fuair 'cuireadh na Nollag' cruinn díreach isteach i ríocht Dé. D'fhéadfaí an dara brí a bhaint as an teideal gan amhras. Is é sin, go bhfuil bliain amháin caite ó tharla an bás atá i gceist sa dán. Leoga, sa réamhaiste a ghabhann leis an díolaim *An paróiste míorúilteach*, tugann Louis de Paor (2011: 36) le fios gur chum Máire Mhac an tSaoi sraith dánta i gcuimhne a céile a bhásaigh bliain is an taca sin. 'One year after' mar sin an t-aistriú a rinne de Paor féin ar an teideal 'Ceann bliana'. Is iondúil go n-áirítear an chéad bhliain mar thréimhse ar leith bróin agus cumha do mhuintir an mhairbh. Is mar seo a chuir Joan Didion síos ar an tréimhse sin sa leabhar cháiliúil léi *The year of magical thinking*:

> I realize as I write this that I do not want to finish this account. Nor did I want to finish the year [. . .] All year I have been keeping time by last year's calendar: what we were doing on this day last year [. . .] I realized today for the first time that my memory of this day a year ago is a memory that does not involve John. (2006: 224-5)

Is chuige sin reacaire an dáin 'Ceann bliana' atá ag iarraidh an chuimhne a chóiriú chun a sástachta féin. Dá uaigní an tsamhail sa líne dheireanach, 'Sínim le hais an choirp ar mo leabaidh', shílfeá gur ábhar sóláis cuideachta na cuimhne féin.

Go dearfa, sin é éirim an dáin 'Mo chumha' (2011: 224) a scríobhadh i dtrátha an ama chéanna. Ag tagairt do chonair an bhróin agus dá cumha féin sa dán úd, deir an file: 'Ciorraíonn sé an bóthar dom'. Baineann na tuiscintí seo macalla as ceann de dhánta luatha Mháire Mhac an tSaoi, mar atá 'Ceathrúintí Mháire Ní Ógáin':

An té atá i bpéin mar táim
Ní raibh uaigneach ná ina aonar riamh,
Ach ag iompar cuileachtan de shíor
Mar bhean gin féna coim. (2011: 92)

Tugann an dá líne dheireanacha, 'Tá sneachta fós ar ithir na cille/ Sínim le hais an choirp ar mo leabaidh' (2011: 222), an phaidir 'Ag dul a cholla dhuit', chun cuimhne chomh maith le dánta eile Gaeilge: 'M'anam do sgar riomsa a-raoir' le Muireadhach Albanach Ó Dálaigh, 'Caoineadh Airt Uí Laoghaire' le hEibhlín Dhubh Ní Chonaill, 'Adhlacadh mo mháthar' le Seán Ó Ríordáin agus an t-amhrán 'An draighneán donn', ina measc. Ina dhiaidh sin, creidim gur tábhachtaí mar idirthéacs an gearrscéal 'The dead' le James Joyce. Is ar éigean is gá an tábhacht atá le cuimhní cinn i bplota an ghearrscéil a mheabhrú do dhaoine ná siombalachas an tsneachta a chur os ard:

He stretched himself cautiously along under the sheets and lay down beside his wife. [...] A few light taps upon the pane made him turn to the window. It had begun to snow again. He watched sleepily the flakes, silver and dark, falling obliquely against the lamplight. The time had come for him to set out on his journey westward. Yes, the newspapers were right: snow was general all over

Ireland. It was falling on every part of the dark central plain, on the treeless hills, falling softly upon the Bog of Allen and, farther westward, softly falling into the dark mutinous Shannon waves. It was falling, too, upon every part of the lonely churchyard on the hill where Michael Furey lay buried. It lay thickly drifted on the crooked crosses and headstones, on the spears of the little gate, on the barren thorns. His soul swooned slowly as he heard the snow falling faintly through the universe and faintly falling, like the descent of their last end, upon all the living and the dead. (2000: 176)

An tséimhe agus an ciúnas atá le mothú sa sliocht thuas, tá siad le brath chomh maith i ndán Mhac an tSaoi. Dá uaigní an radharc a chuirtear os ár gcomhair sa dán, is fearr a thuigtear suaimhneas reacaire an dáin nuair a mhachnaítear ar ghearrscéal seo Joyce agus ar chaidreamh Gretta le Michael Furey. Leoga, i bhfianaise an idirthéacs, d'áiteoinn gur dán grá chomh maith le marbhna an dán 'Ceann bliana'.[5]

Is fíor do Louis de Paor (2011: 36) go bhfuil ionracas agus snoiteacht nach bhféadfaí a shárú ag roinnt leis na dánta is deireanaí a scríobh Mhac an tSaoi, 'Ceann bliana' ina measc. D'fhéadfaí, go dearfa féin, breithiúnas Mhac an tSaoi ar fhilíocht dheireanach an Athar de Brún sa chnuasach *Miserere* a thagairt do na dánta is déanaí léi féin.

Is scanrúil é croí an ainmhí duine á nochtadh, ach ní foláir dúinn teacht 'na thaithí. Is gairid ár ngaol leis an ábhar anso agus d'fhónfadh sé dúinn ár suaimhneas a cheapadh leis. (in Rouault *et al.* 1971: Brollach neamhuimhrithe)

Is maith mar a thuig aos eagna na Sean-Ghréige an gaol gairid idir cúrsaí cuimhne agus cúrsaí staire. Bandia na gaoise agus na cuimhne, Mnemosyne, a bhí i máthair Bhé na staire, Clio. Déantar cardáil léirsteanach ar an ghaol ghairid seo idir cúrsaí cuimhne agus cúrsaí staire i saothar Mháire Mhac an tSaoi, idir fhilíocht agus phrós. Ní leasc léi biongadh a bhaint as gnásanna acadúla ná ní miste léi tuiscintí fadbhunaithe i réimsí na litríochta agus na staire a chur faoi scrúdú le léargas eile a thabhairt ar an am atá thart. Tá ciall aici d'ilghnéitheacht an tseanchais agus na béalaireachta, ilghnéitheacht a thógann ceisteanna corracha faoi údarás agus faoi chruinneas na dtéacsanna caighdeánta staire. Ní hí an fhírinne lom is cás léise, ach an insint dhathannach dhaonna a thabharfas léargas breise ar an am atá thart. Ina dhiaidh sin, tugann a saothar dírbheathaisnéise, chomh maith le dánta áirithe léi, fianaise ar na híogaireachtaí a bhaineann le cúrsaí cuimhne, cuimhní pearsanta go háirid. Léiríonn na saothair sin mian an údair cuimhne an phobail a chóiriú agus breithiúnais nó cuimhní ar a muintir féin atá éagórach, dar léise, a chur de dhroim seoil agus a bhréagnú. Is fiú suntas a thabhairt don ghné seo dá saothar, áfach, óir is iad na coimhlintí seo a choinníonn an bhrí agus a chothaíonn an éagsúlacht i ríomh na staire. Mar a deir Paul Ricoeur: 'Narratives, therefore, are at the same time the occasion for manipulation through reading and directing narratives, but also the place where a certain healing of memory may begin. [. . .] Why are narratives helpful in this ethical respect? Because it is always possible to tell in another way' (1999: 9). Is maith a thuigeann Máire Mhac an tSaoi an tionchar a bhíonn ag an am atá thart ar shaol na linne seo; is chuige sin cóiriú misniúil na cuimhne ina saothar trí chéile, dá achrannaí agus dá chigiltí an cóiriú céanna.

[1] Tá plé an-chuimsitheach agus an-áititheach ag Guy Beiner sa leabhar *Remembering the Year of the French* (Madison: University of Wisconsin Press, 2007) ar luach an traidisiúin bhéil agus ar thábhacht chuimhne an phobail i réimse na staireolaíochta in Éirinn. Déanann Vincent Morley scagadh tuisceanach sa leabhar *Ó Chéitinn go Raiftearaí* (Baile Átha Cliath: Coiscéim, 2011) ar fheidhm an chultúir bhéil i gcumadh agus i scaipeadh na hinsinte Gaelaí ar stair na hÉireann.

[2] Sa leabhar *Locating Irish folklore: Tradition, modernity, identity* (Cork: Cork University Press, 2000), tugann Diarmuid Ó Giolláin cuntas léirsteanach ar an ghaol ghairid idir an béaloideas agus an bhochtaineacht in Iarthar na hÉireann ag tús an chéid seo chaite. San athléamh grinn a rinne sé ar *An t-oileánach*, díríonn Mark Quigley (2010) aird an léitheora ar ghnéithe de chuntas an Chriomthanaigh a bhréagnaíonn fís agus íomhá mhealltach na n-aicmí ceannasacha agus a nochtann, más go cliathánach féin é, ainnise ábhartha mhuintir an oileáin.

[3] Tá a leithéid de bhalsamú luaite i dtaca le cóiriú Néill Naoi nGiallach, le cóiriú Chermait agus le cóiriú Naomh Ciarán i Leabhar Buí Leacain. Féach Susan Leigh Fry, *Burial in medieval Ireland 900-1500* (Dublin: Four Courts Press, 1999).

[4] Gabhaim buíochas leis an Dr Pádraig Ó Héalaí as na foinsí seo a roinnt liom. Táim faoi chomaoin fosta ag an Dr Lillis Ó Laoire agus ag an Ollamh Dónall Ó Baoill as dréacht den aiste seo a léamh agus moltaí a dhéanamh ina leith.

[5] Ní ceangal téamúil amháin atá idir 'Ceann bliana' agus 'The dead'. Tugann Richard Ellman, beathaisnéisí Joyce, le fios gur bunaíodh Miss Ivors, carachtar sa ghearrscéal, ar Kathleen Sheehy. B'in í bean chéile Frank Cruise O'Brien agus máthair Conor Cruise O'Brien féin. Féach http://www.nli.ie/blog/index.php/2012/01/13/some-reflections-on-the-dead/. I dtaca le léargas critice a fháil ar an ghearrscéal 'The dead', féach Terence Brown 'Introduction', in James Joyce, *Dubliners* (Penguin Books, 1992). Sa leabhar *To Ireland, I* (Oxford: Oxford University Press, 2000), déanann Paul Muldonn iniúchadh ar an cheangal idirthéacsúil idir 'The dead' agus foinsí liteartha eile, 'Caoineadh Airt Uí Laoghaire' ina measc. San alt 'The mystique of the west in Joyce's "The dead"', rianaíonn Cóilín Owens (1992) tábhacht an amhráin 'Dá dtéidhinn-se siar' mar idirthéacs agus plota an ghearrscéil á léirmhíniú aige.

Stíl dhéanach Mháire Mhac an tSaoi

Caoimhín Mac Giolla Léith

'Mo chumha' is teideal don dán deireanach ar fad in *An paróiste míorúilteach*, rogha dánta Mháire Mhac an tSaoi a foilsíodh in earr na bliana 2011. Tá sé ar cheann de thrí dhán ghearra, mar a insíonn an t-eagarthóir dúinn, a seoladh chuige agus an cnuasach sin á chur i dtoll a chéile. Agus is iad na dánta déanacha seo, agus go deimhin an déanacht *per se*, is cás liom anseo.

> Do scoith mo chumha mé ar an gconair –
> Thóg sé tamall uaidh teacht suas liom.
> Moillíonn sé anois –
> Ciorraíonn sé an bóthar dom. (224)

Ní ábhar iontais ar bith dúinn fuinteacht nach mór clasaiceach an dáin seo i bhfianaise *oeuvre* an fhile le breis mhaith is trí scór bliain. Is cuid suntais, mar sin féin, a chasta is atá gluaiseacht an dáin, an stiúir chuntraphointeach atá faoi, ainneoin a shimplíochta ar an gcéad amharc. Rann ceithre líne atá anseo againn, aon bhriathar amháin sa tríú pearsa uatha mar ancaire ag gach líne acu: dhá bhriathar ghonta san aimsir chaite – 'Do scoith/thóg' – sna línte fada i seoladh an rainn, más ceadmhach an téarmaíocht, agus dhá fhoirm bhriathartha níos támáilte san aimsir láithreach i línte (níos giorra) an chomhaid: 'Moillíonn/ciorraíonn'. Tá 'cumha' an fhile, arna phearsantú mar thaistealaí diamhair fireann (ag teacht le hinscne an fhocail féin), chun deiridh uirthi ag pointe tosaigh an dáin, mar is léir. Ansin, go hobann, in imeacht aon líne amháin filíochta, tá sé roimpi amach. Sa tarna líne, tiontaítear dul na hinsinte agus seo linn ar ais go dtí réamhstair eachtra an dáin, 'thóg sé tamall uaidh teacht suas liom' – iardhearcadh *en passant* anseo ar shaol agus ar shaothar an fhile go nuige seo. Ansin teilgtear ar ais arís muid i láithreach leanúnach an tríú líne: 'moillíonn sé anois'. Is é seo an líne is giorra ar fad sa dán – ó thaobh áireamh na siollaí ar an leathanach, ar chaoi ar bith – ar neamhchead paradacsúil an bhriathair 'moilligh'. Is é seo freisin an t-aon líne gan tagairt sa chéad phearsa ann do *phersona* an fhile féin. Filleann sí orainn, áfach, sa cheathrú líne, í anois ina páirtí dílis ag a cumha, bonn ar aon i ndeireadh scríbe lena compánach diamhair, iad ag gluaiseacht rompu faoi scáth na gaoise traidisiúnta a mhúsclaíonn gaoth an tseanfhocail 'Ciorraíonn beirt bóthar' a raibh an dán ag seoladh ina threo óna thús, de réir cosúlachta. Ach más é 'conair na beatha' atá i gceist anseo, rud is dóichí ná a mhalairt, nach é sin go díreach an bóthar ba mhó ba mhian le duine ar bith againn fad a chur leis?

Ní hé macalla an tseanfhocail thraidisiúnta an t-aon mhacalla a mhusclaíonn na línte seo. Is deacair do léitheoirí nuafhilíocht na Gaeilge ar chaon taobh de Shruth na Maoile gan cuimhneamh, mar shampla, ar an véarsa tosaigh i sárdhán Shomhairle MhicGill-Eain 'An roghainn' (An rogha):

Choisich mi cuide ri mo thuigse
a–muigh ri taobh a' chuain;
bha sinn còmhla ach bha ise
a' fuireach tiotan bhuam . . . (2011: 125)

Shiúil mé in éindí le mo chiall
amuigh le taobh na mara;
bhí muid le chéile ach bhí sise
ag fanacht píosa amach uaim . . .

D'fhéadfaí a áiteamh gurb éard atá i 'gcumha' pearsantaithe Mháire Mhac an tSaoi agus i 'gciall' phearsantaithe MhicGill-Eain araon, *inter alia*, leaganacha den téama miotaseolaíoch úd ar a dtugann Jung an 'compánach draíochtúil taistil', atá ar fáil i mórán seanchúltúr agus i mórán taibhreamh comhaimseartha freisin, dar leis. (Más é scéal na ndeisceabal ar an mbóthar go hEmmaus an leagan is suntasaí de seo sa Chríostaíocht, tá leaganacha chomh maith ann sa Koran, sa Bhagavad Gita, agus i dtéacsaí eile nach iad.) Is é an compánach draíochtúil seo, adeir Jung, an té a thaistealaíonn tríd an saol lenár dtaobh, 'in all probability a close analogy to the lonely ego who finds a mate in the self, for at first the self is the strange non-ego' (1968: 114). Agus deireadh ráite, is é atá sa bpáirtí bóthair seo, i dtuairim Jung, an duine féin, 'the self', tuairim atá ag teacht, mar a tharlaíonn, le leagan amach Sheáin Uí Ríordáin ar an móitíf chéanna ina dhán seisean 'Rian na gcos':

Do shiúil sé liom an mhaidin sin,
Ár mbeirt ar aon chosán,
Ag siúl ar ais sea tuigeadh dom,
Chonac rian a chos sa láib . . . (2011: 125)

Más é 'Mo chumha' a fhógraíonn clabhsúr *An paróiste míorúilteach* le Máire Mhac an tSaoi, breithnímis anois leathbhádóir an dáin: 'Ceann bliana'. Is dán é seo a thagann díreach roimhe sa chnuasach sin, céile taistil a bhfuil anchosúlacht aige le 'Mo chumha' ina leagan amach agus ina leagan siúil. Sa tarna dán seo, dán gearr ceithre líne arís, i leaba pearsantú ar chumha an fhile is éard atá againn pearsantú ar a cuimhne.

> Cóirím mo chuimhne chun dulta dhi 'on chré,
> Fillim spíosraí san eisléine léi agus airgead cúrsach;
> Tá sneachta fós ar ithir na cille,
> Sínim le hais an choirp ar mo leabaidh. (2011: 222)

Músclaíonn an rann seo a sciar féin macallaí ó chanóin na nuafhilíochta – cuimhním féin láithreach ar oscailt cháiliúil 'Ceist na teangan' le Nuala Ní Dhomhnaill: 'Cuirim mo dhóchas ar snámh/ i mbáidín teanga . . .' (1991: 128), gan trácht ar bhlas aduain oirthearach na spíosraí i ndánta eile dá cuid ar nós 'Venio ex Oriente' (1981: 65). Ach treoraíonn sé siar muid chomh maith, dar liom, ar bhóthar na gcuimhní inmheánacha i saothar Mhac an tSaoi féin chuig na dánta luatha i *Margadh na saoire* (1956) leithchéad éigin bliain roimhe seo. Tá mé ag cuimhneamh anseo ar an gconair dhroimneach mhíobhánach sin i speictream na ngutaí, idir fhada agus ghearr, dar thug Frank O'Brien suntas i bhfad siar (1968: 173). Cuirimis 'Cóirím mo chuimhne chun dulta dhi 'on chré/ Fillim spíosraí san eisléine léi agus airgead cúrsach', i gcomparáid, abair, le

A fhir dar fhulaingeas grá fé rún,
Feasta fógraím an clabhsúr:
Dóthanach den damhsa táim
Leor mo bhabhta mar bhantráill. (2011: 76)

An beann céanna sa dá chás seo freisin ar chúrsaí uaime,
tugann sé filíocht na ré clasaicí agus iarchlasaicí chun
cuimhne. Is acmhainn í seo a thug an file léi ó dhúchas an
teallaigh aici, mar a thugann sí le fios go háirithe in alt léi sa
Southern Review ó lár na nóchaidí: 'No one was more at
home in modern Irish, classical and vernacular than my
uncle [an Mgr Pádraig de Brún, ar ndóigh, deartháir a
máthar]: no one cherished a deeper appreciation of its
beauties. He had read everything in print and could quote
effortlessly from the dán díreach or from Ó Rahilly and Ó
Bruadair' (1995: 782). Nó arís eile san alt céanna:

> Those students who had the good fortune to attend my
> mother's lectures on the Dánta Grá in University College
> Dublin will remember the extraordinary phenomenon of a
> warm and witty, twentieth-century, middle-aged, middle-
> class Irish lady entering completely into the mind of the
> medieval Gaelic poet in his lighter moments . . . (773).

(B'fhiú cuimhneamh ar an ráiteas seo agus muid ag dul i
ngleic le prós déanach an fhile féin.) Féach freisin cosúlacht
áirithe idir dul an dáin atá faoi chaibidil againn agus an
cúbadh sa rann seo a leanas as 'Ceathrúintí Mháire Ní
Ógáin' ó cheol stáidiúil na chéad línte go *staccato* na líne
deiridh. Ceist eile ar fad, ar ndóigh, is ea na fasaigh
phrosóideacha ón traidisiún i bhfilíocht Mhac an tSaoi trí
chéile, ceist a fhágfar i leataobh an babhta seo:

Beagbheann ar amhras daoine,
Beagbheann ar chros na sagart,
Ar gach ní ach bheith sínte
Idir tú agus falla – (2011: 88)

Pé rud faoi chúlra agus chomhthéacsú 'Ceathrúintí Mháire Ní Ógáin', tá a fhios againn gurb é an leannán ar leasc leis an bhfile scaoileadh leis sa dán déanach seo, 'Ceann bliana', i bpearsa chorpán a cuimhne féin (agus ní féidir scáil an homafóin 'caoineadh' i gcanúint na Mumhan a sheachaint anseo) a céile ionúin, Conor, ar cumadh an dán seo ina onóir bliain i ndiaidh a bháis.

'Timeliness and lateness' is teideal don dréacht tionscnaimh sa chnuasach aistí *On late style: Music and literature against the grain* (2006), le Edward Said, cnuasach aistí a foilsíodh tamall i ndiaidh bhás anabaí an tsárchriticeora úd sa mbliain 2003. Dar le Said san aiste sin go bhfuil mórealaíontóirí ann i stair ardchultúr an iarthair ó Sophocles i leith, idir scríbhneoirí, phéintéirí, chumadóirí ceoil agus eile, ar fíor ina dtaobh gaois an tseanfhocail againne go 'dtagann ciall le haois'. I saothar ealaíontóirí den tsórt seo, agus iad ag dul nó dulta in aois, aimsímid aibíocht ar leith mar aon le hatmaisféar nua-aimsithe síochána agus spiorad réitigh, scaití i bhfoirm claochlú míorúilteach ar an saol iarbhír faoi mar a fhaightear, mar shampla, i ndrámaí deireanacha Shakespeare, *The tempest* agus *The winter's tale*. Nó arís eile, má tá fuinneamh agus fórsúlacht fós i gceoldrámaí deireanacha Verdi, abair, nó i saothar déanach Bach, Wagner, Rembrandt agus Matisse, dar le Said go bhfuil le sonrú sna saothair seo chomh maith an comhtháthú armónach sin a thugann le fios gur ealaíontóirí iad seo atá anois i mbuaic a réime, agus gur saothair iad seo ar sméar mhullaigh gach ceann acu ar shaol cruthaitheach trí chéile an té a chum nó a cheap.

Ach, arsa Said, céard faoi na mórealaíontóirí úd nach dual dóibh an suaimhneas sintéiseach seo i ndeireadh a laethe?: 'what of artistic lateness not as harmony and resolution but as intransigence, difficulty, and unresolved contradiction?' (2006: 7). Ag tarraingt ar bhlúire d'aiste a bhreac Theodor Adorno i bhfad roimhe sin ar 'Spätstil Beethovens' ('Stíl dhéanach Beethoven'), áitíonn Said go bhfuil mórealaíontóirí áirithe eile ann, murab ionann agus an dream a ainmníodh anois díreach, a fhorbraíonn friotal faoi leith agus iad ag druidim leis na críocha déanacha. Agus is í an stíl dhéanach ar leith seo, gona comharthaí sóirt faoi leith, is cás le Said: 'the experience of late style that involves a nonharmonious, nonserene tension, and above all, a sort of deliberately unproductive productiveness going *against* . . .' (2006: 7). (Fágann Said a abairt féin gan chríochnú anseo, faoi mar a bheadh comharthaí sóirt an mhíshuaimhnis agus an easpa réitigh ar a bhfuil sé ag trácht á léiriú aige ina thráchtaireacht féin.) I measc na n-ealaíontóirí a phléann Said a bhfuil, mar a deir sé, 'anachronism and anomaly' de dhlúth is d'inneach na saothar deireanach acu, faoi mar atá i gcás Beethoven, áirítear Thomas Mann, Richard Strauss, Jean Genet agus Constantine Cavafy. Anuas air seo, tugann Said le fios chomh maith go bhfuil ealaíontóirí ann ar léir go raibh mianach na stíle déanaí seo iontu ón gcéad lá, Adorno féin thar aon duine eile.

Cá bhfágann an rangabháil áirithe seo Máire Mhac an tSaoi? Bhuel, is í téis na cainte seo ar deireadh gur leis an tarna grúpa a bhain sí i gcónaí riamh. Creidim é seo ainneoin na tuirse géilliúla ceannchúrsa a chuirtear in iúl sa dá dhán atá díreach pléite againn, agus ainneoin na ndánta do chlann a clainne atá lán de bhród na seanmháthar, atá ceanúil gan a bheith ceansa, a thagann rompu in *An paróiste míorúilteach*. Tar éis an tsaoil, tá an nóta céanna tuirse sna dánta luatha dá cuid i *Margadh na saoire* (1956), in ainneoin gur mar dhánta cleachtacha a fhéachann sí anois orthu, mar phromhadh pinn, dánta a cumadh sul má bhí dóthain de thaithí an tsaoil aici le taca cuí beathaisnéiseach a bheith leo. Agus an mór, i ndeireadh báire, idir dánta na seanmháthar agus dánta na máthar glúin roimhe sin in *Codladh an ghaiscígh* (1973)? Dar le Said go ndiúltaíonn lucht na stíle déanaí géilleadh do chroineolaíocht nádúrtha na beatha, mar dhea, do leagan amach Shakespeare, abair, ar 'the seven stages of man'. Diúltaíonn siad glacadh leis an ngaois choitianta '[that] what is appropriate to early life is not appropriate for later stages, and vice versa' (2006: 5). Má tá mórfhile Gaeilge ar bith ann a bhfeileann mana iomráiteach Dylan Thomas di: 'Do not go gentle into that good night/ Old age should burn and rage at close of day ...' (1952: 116), nach í Máire Mhac an tSaoi í? Agus nach raibh na críocha déanacha á dtaithiú aici ariamh, í as alt, ar mhórán bealaí, lena linn ón tús?

Théis na cainte uileag againn ar an gcumha agus ar an gcuimhne, cuimhnímis chomh maith ar thábhacht agus ar éifeacht na frithchuimhne, 'counter-memory', a mbíonn trácht ag criticeoirí áirithe uirthi – lucht an iar-choilíneachais, mar shampla, nó lucht na hoideolaíochta criticiúla – ar lorg Michel Foucault. Saothar a thugann dúshlán an dearmaid atá i gceist anseo, saothar a thugann cúl, cuid áirithe, leis an saol mar atá, ar mhaithe leis an saol mar ba chóir agus mar a d'fhéadfadh a bheith, ach cúinsí na staire a bheith éagsúil;

insint eile a bheith ar scéal na hÉireann, abair, ó tháinig Saorstát Éireann agus Máire Mhac an tSaoi ar an bhfód sa mbliain chéanna. Más i bhfearann samhailteach na healaíne amháin atá teacht ar an athinsint seo – sa dá chiall 'a retelling' agus 'an alternative telling' – agus más gá cúl a thabhairt leis an saol agus leis an stair faoi mar is eol, cén dochar? 'Late style', adeir Said linn, 'is what happens if art does not abdicate its rights in favour of reality' (2006: 9).

'Do scoith mo chumha mé ar an gconair'; 'c' beag atá i dtús an fhocail dheiridh sa líne lenar chuir muid chun siúil. Nárbh fhurasta, mar sin féin, ceannlitir a dhéanamh de agus muid féin a athlonnú, ní i bhfearann aislingiúil an dáin féin, ach i gCorca Dhuibhne an lae inniu? Ach má d'aimsigh glúin óg filí Gaeilge sna seachtóidí a 'n-intinn féin agus a gcló ceart', faoi anáil an Ríordánaigh (2011: 154), ar an mbóthar siar go Dún Chaoin, féach gur sa treo contráilte a ghluais Máire Mhac an tSaoi tamall de bhlianta ó shin, nuair a d'fhág sí Gleann na nGealt thiar go reitriciúil le croí trom agus le fraoch feanntach sa 'dán deireanach' deireanach a luafaidh mé anseo. Dán frithchuimhne *par excellence* is ea an dán 'I leaba an dearúid, an tarcaisne' i gcuimhne ar Phádraig de Brún, a luadh cheana. Is mar seo a thosaíonn:

'Ní mhaireann cuimhne air anso,' arsa fear na féasóige,
'Ach mar dhuine des na boic mhóra,
Mar dhuine den lucht rachmais' – (2011: 200)

Spriúchann an file agus tugann íde na muc is an madraí do mhuintir na háite a lig an Brúnach i ndíchuimhne – 'begrudgers/ Clann an doichill, clann Lóbais . . .' Má tá a cuid sciolladóireachta lán de mhacallaí ó stair liteartha na nGael, ó *Pairlement chloinne Tomáis* go Breandán Ó Beacháin, is mar chuid den sodar míchuíosach i ndiaidh na nuaíochta agus an nua-aoiseachais a shamhlaíonn sí an feall seo.

Fé mar chlúdaigh
Ciúbanna gránna suimint'
Na seanaláithreacha,
Fé mar tháinig screamh an Bhéarla
Ar uaisleacht na canúna,
Chuaigh insint scéil ort i ndísc, a Bhrúnaigh,
Sa cheantar a roghnaís ód chroí –
Sin é an saol, a dhuine –
Níor bhásaís go dtí anocht. (2011: 200)

Más ea, is cosúil, de réir an fhile, go bhfuil cuideachta a dhiongmhála i dteannta an Bhrúnaigh anois sa chill: pór eile ar fad ar fad pobal Chorca Dhuibhne faoi mar a bhí, mar ba chóir, is mar a d'fhéadfadh a bheith. Is é sin le rá, drong nár chall dóibh a ndúchas Gaelach a thréigean ar mhaithe le sofaisticúlacht ilchultúrach, trasnáisiúnta, iardhomhandaithe na comhaimsire, ach a thug leo go paiteanta 'an dá arm aigne' (Mhac an tSaoi 1990: 14-15) agus mórán eile lena chois.

Tá siadsan san úir anois
A dtiocfadh uathu focal do chosanta [. . .]
Comharsana meabhracha ba mhaith i mbád is ar ghort,
Nár dheoranta iad do shaíocht na cruinne,
Ach a mhúin duit conas
An tsaíocht sin a ghléasadh i gculaithirt na Gaelainne:
Fathaigh a dtáinig abhaigh orthu mar shíolbhach!
(2011: 202)

Ag seo críoch an dáin:

Thána anso
Le cloch a chur id leacht,
A shagairt uasail:
Bead ag imeacht anois,
Is ní móide go deo
Go bhfillfead.
Is fearr a mhaireann tú im chroí is im intinn
Ná in aon leac greanta ar fhalla.
Rud gan anam an leac,
Ach is lasair bheo é an Spiorad Naomh –
Lonraíonn mar a bhfuil 'éirim.
Má b'é seo tráth mo bhaile,
Táim gan baile feasta. (2011: 204)

Más truamhéalach féin an clabhsúr seo tá sé ar lasadh le fuinneamh docheansaithe an nuafhile Gaeilge is fearr a ghlac seilbh ar an traidisiún agus í fós an-óg go deo. Mar a dúirt Edward Said tráth faoi Beethoven:

[His] last works . . . constitute an event in the history of modern culture: a moment when the artist who is fully in command of his medium nevertheless abandons communication with the established social order of which he is a part and achieves a contradictory, alienated relationship with it. (2006: 8)

Saothar teann tíorthúil

Seán Ó Tuama

Níl aoinne gur mór aige cúrsa na nua-litríochta in Éirinn nárbh fhiú dhó an cnuasach beag filíochta so le Máire Mhac an tSaoi a léamh. An té go háirithe go bhfuil aidhm aige féin ar aon bhlúire scríbhneoireachta as Gaeilge a dhéanamh, léifidh sé go mion is go fonnmhar é.

Ní hé go bhfuil líon mór de dhánta ana-mhaithe sa leabhar so, ná go mbraifear sa chnuasach trí chéile aon mhórchorraithe croí ná samhlaíochta – ach go bhfaighfear ann saothar teann tíorthúil go bhfuil blas deimhnitheach dá chuid féin ar geall leis do gach líne dhe. Sé is mó is cúis leis an mblas san ná an iarracht chuthaigh atá déanta ag an údar ar chulaith stíle a bheadh lán-éifeachtach agus lán-dúchasach a chur ar a cuid véarsaí. Is minic go n-éiríonn thar barr léi; agus is tuar mór dóchais é do gach duine againn go bhfuil a shaol tabhartha sa Ghalltacht aige, go ritheann léi uaireanta dréachtaí agus línte a chur di ar shlí gur dhóigh leat nár labhair sí ná nár airigh sí riamh 'na timpeall ach Gaeilge. Cuimhním go speisialta ar dhánta de shórt 'Inquisito 1584' agus 'Bláth an aitinn', nó ar sholaídí chomh héagsúil le chéile le

Fair tú féin is seachain, ós tú an tarna mac,
Sara dtagthá turas abhaile is ná beadh romhat cead
    isteach,
Is áilleachtaí do phearsan ná fóirfeadh ort, nár chleacht
Suáilce fós ná carthain is réim an tsrutha leat –
Nuair a theipeann ar an dtaitneamh is tarcaisneach a
    bhlas.

('Fógra')

agus

An té atá i bpéin mar táim
Ní raibh uaigneach ná ina aonar riamh,
Ach ag iompar cuileachtan de shíor
Mar bhean gin féna coim

('Ceathrúintí Mháire Ní Ógáin')

Is fuirist a aithint, dar liom, gur fadhbanna teangan is stíle is
mó ar fad a bhuair Máire Mhac an tSaoi ina cuid oibre go dtí
seo. Tá an iomrascáil bhuan idir í agus an teanga ar siúl go
soiléir ar gach leathanach. Is rud folláin é seo uaireanta (agus
rud ana-nádúrtha, dar ndóigh, ag aoinne a bhíonn ag plé le
Gaeilge go háirithe); ach níl aon ní chomh mí-fholláin leis
nuair a théann duine thar fóir leis an imní teangan so. 'Sé a
thagann as ar deire ná drochstíl. Agus is ait an rud é gur minic
go dtagann go tiugh ar shálaibh roinnt de na línte is deise aici,
roinnt línte eile a bhíonn comónta go maith agus tuathallach.
Dealraíonn sé nach i gcónaí a dheineann sí idirdhealú idir an
ní is dea-stíl agus an ní is nath dea-Ghaeilge i mbéal an
chainteora dúchais. Sa tslí nach annamh a thiteann sí de
phlimp chun *bathos* glan amach. Adeir, mar shampla, an cailín
lena leannán i 'gCeathrúintí Mháire Ní Ogáin':

Féach nach meáite mé ar chion a shéanadh,
Cé gur sháigh an t-amhras go doimhin a phréa'cha;

agus annsan!

Ar láir dhea-tharraic ná déan éigean
Is díolfaidh sí an comhar leat ina séasúr féinig.

Nó, arís, féach an duine eile adeir go lándáiríribh lena
leannán:

Ná tabhair chun *seanabhróga* é mar ghrá.

('Freagra')

Tá samplaí den tsórt so ruda coitianta 'na cuid dánta; agus
chomh maith leis sin, crapaitheacht áirithe stíle ná bíonn
oiriúnach don abhar simplí a bhíonn idir lámhaibh aici .i.

Ná níl, dá ghile fuinneog ann,
Gléas i ngloine mar bhí sí.

('An bhean mhídhílis')

Agus, go deimhin, tá dán iomlán nó dhó sa tarna cuid den
chnuasach nach aon chomaoin ar an leabhar iad a bheith ann
in ao' chor. 'Gráinne', abair:

Do sheasaimh an rí i ngeata na Teamhrach
A mheabhair á suathadh ag cúrsaí cleamhnais,
Ag feitheamh le filleadh don rín is dá complacht
Mar scata fáinleog i dtús an tsamhraidh.

Ba chlos a glórsan thar gach glór dó
Is ba léir dó i bhfad uaidh a siúl dob éadrom;
Ní raibh sí stuama múinte mómhar
Ach gáireach mar ba dhual dá haos bheith ...

Ní minic, áfach, go dtiteann a smacht ar mheadracht ar lár mar thitann anso. Tá so-ghluaisteacht agus nádúrthacht, de ghnáth, ina cuid rithimí gurb annamh a leithéid ag filí Gaeilge an lae inniu.

Sé an téama is bunúsaí agus is miotallaí ag Máire Mhac an tSaoi ná 'an caidreamh' – a caidreamh féin is caidreamh an duine dhaonna i gcoitinne ar dhaoine eile (nó ar dhúthaigh áirithe): a bhuaine agus a neamhbhuaine, an leas a baineadh as agus an leas nár baineadh. Ní dheineann sí aon iarracht, de ghnáth, ar dhul ró-dhoimhin sa téama so. Ní haon díobháil é sin, dar liom: mar sin is fearr a bhraithimid an chuisle mhothálach filíochta inti a chuireann anam obann i ndánta simplí mar 'Inquisitio 1584', 'Finit', agus 'Comhrá ar shráid'. Ní cuimhin liom, ar chuma éigin, 'Comhrá ar shráid' a fheiscint i gcló roimhe seo; agus marach go bhfuil líne ana-lag amháin sa chead véarsa dhe, déarfainn go raibh sé ar an ndán is fearr sa leabhar. Tá daonnacht agus mothú fírinneach sa chur síos beag aici ar conas mar a 'bhog an t-aer' ina timpeall nuair a bhuail sí leis an gCiarraíoch ar shráideanna na cathrach:

An tsiúráil réidh sin,
Fios do bhéasa féin agat,
Teann as do Ghaelainn,
As do dheisbhéalaí
Mhín chúirtéisigh –

Ní leanbh ó aréir mé
A Chiarraígh shéimh sin,
Ach creid mé gur fhéadais
Mé a chur ó bhuíochas
Mo dhaoine féinig.

Taitníonn roinnt de na 'hamhráin tíre' ar an dtéama ginearálta
céanna go maith liom: 'Fógra', 'Mac an táilliúra', 'An buachaill
aimsire'. Samhlaím bua speisialta a bheith ag an bhfile chun
beaillití éadroma dá leithéidí seo – ach an folíne crapaithe nó
comónta a sheachaint.

Sé 'Ceathrúintí Mháire Ní Ógáin' an iarracht is troime ar
fad aici sa leabhar. Caidreamh drúisiúil beirt leannán ar a
chéile is abhar dó. Bíodh is go bhfuil giotaí ardchumasacha
ann agus téagar san abhar nach gnáthach léi, ní mheasaim
gur dán maith nó fírinneach ar deire é. Tá an aigneolaíocht
ar a bhfuil sé bunaithe *novelettish*, dar liom. Thógfadh sé an
iomad spáis orm an méid sin a léiriú mar ba mhaith liom.
Ach ní mór dom a rá ná braithim in aon áit sa dán an ní sin
is cóir a bhraithfeadh an léitheoir chun go mbeadh brí agus
fírinne fhileata sa scéal dó: an sonas áirithe adeir an Máire
Ní Ógáin so (a labhrann chomh fuarchúiseach feasach san ar
gach cor dá cúrsa) a fuair sí as a *liaison* mí-dhlistineach.
Chun na fírinne insint ní bhfaighim-se sa 'tsonas' san aici ach
drúis ídéalta na n-irisleabhar niamhrach ón iasacht .i.

[an] domhan cúng rúin teolaí seo
Ná téann thar fhaobhar na leapan.

Fairis sin, má tá roinnt den scríbhneoireacht is fearr dá
bhfuil déanta aici sa dán so, tá chomh maith ann roinnt den
scríbhneoireacht is laige; i gcuid V agus VI, mar shampla.

Is substaintiúla, adéarfainn, mórán de na dánta gairide aici: agus chuirfinn leis an méid atá luaite agam 'Oíche Nollag', 'Suantraí Ghráinne', 'Do Shíle', 'Gan réiteach', 'Báisteach ó Dhia chughainn', 'An chéad bhróg', 'Diúltú', 'Deireadh Fómhair 1943', 'AthDhéirdre'. In ainneoin abairtí agus smaointe agus aidiachtaí coinbheinsiúnta a bheith iontu uaireanta, dánta iad san ar fad atá ana-sholéite agus sásúil go maith ina gcáilíocht féin. Dánta eile atá ana-thaitneamhach is ea na hiarrachtaí aici in aithris ar fhilíocht na Meán-Ghaeilge. Is láidre a chífir iontu so, ar ndóigh, an chiall fé leith atá aici do stíl dhúchais na Gaeilge; ach is láidre chífir iontu chomh maith an laige is mó inti féin mar fhile: go ligeann sí don rud gnáthúil, nó don rud dúchais lámh láidir a imirt ar a léargas pearsanta. Mar shampla, nuair a léann tú véarsa mar seo as 'Cad is bean':

> Mar tá sí gan céim chumais
> > Ach i mbun millte,
> Nimh léi gach fiúntas dearbh
> > Phréamaigh sa tsaoirse.

deir tú leat féin go bhfuil a haigne á nochtadh go láidir is go dáiríribh aici as a cleachtadh féin ar an saol. Ach ansan, gan mhoill arís, caitear chughat na gnáthabairtí comónta áibhéil-eacha so a loiteann an dán ar an léitheoir:

> Tá gann, tá cúng, tá suarach,
> Gan sásamh i ndán di
> Ach an déirc is an tsíoraithis –
> Dar marthain! is gránna.

De na haistriúcháin sé 'An bhean mhídhílis' (Lorca) is mó a thaitin liom. Tá giotaí dhe déanta ar fónamh aici.

Ní foláir dom a rá ar deire go bhfuil roinnt dul cainte sa téax aici go mbeinn in amhras 'na dtaobh, agus chomh maith leis sin leaganacha teangan gur gnáthdhearmhadaí graiméir iad – chomh fada agus is eol domhsa san. Ní cóir bheith ró-mhilleánach ar nithe mar seo, dar liom, chomh fada is go mbraithfí gur Gaeilge mhaith gnáth-theanga an leabhair. Mar níl aoinne againn, is dócha, a scríobhann aon bhlúire Gaeilge – ná Béarla – ná go bhfágann earráidí 'na dhiaidh. (Is cuimhin liom tamall aimsire ó shoin Raymond Mortimer á rá san *Sunday Times* gur chóir 'superannuated governesses' a fhostú chun leabhair léachtóirí Iolscoile a cheartú!) Ina dhiaidh san, b'fhearr as ná ann iad mar earráidí – go háirithe i leabhar chomh greanta le *Margadh na saoire*.

– Léirmheas ar *Margadh na saoire* (1956),
Feasta, Márta 1957. 14-16.

'COMHARTHAÍ NACH FÉIDIR A LÉAMH GAN EOCHAIR'

Máire Mhac an tSaoi, Seán Ó Ríordáin agus fadhb na léitheoireachta

Louis de Paor

Tá an dá léirmheas a dhein Máire Mhac an tSaoi ar
Eireaball spideoige (1952) an Ríordánaigh ar na cinn is
cáiliúla agus is conspoidí dá bhfuil againn sa Ghaeilge. Bhí
cuid de véarsaí an Ríordánaigh, adúirt sí sa chéad léirmheas,
'chomh dona san gurb ionann iad a léamh agus a bheith ag
fáscadh ghainmhe fét' fhiacla' (1953: 17). Ba bheag nuacht a
bhí in ábhar a chuid filíochta, dar léi: 'gnáthscrupaill
choinsiasa an ghnáth-Chaitlicigh óig sa tír agus san aois seo,
iad beagán falsaithe arnó de bharr culaith Ghaeilge a chur
orthu, ach inste go cuíosach fírinneach tríd agus tríd' (18).
Ba dheacair an fháilte a cuireadh roimh an leabhar a
thuiscint, adúirt sí sa dara haiste, agus a laghad san dánta
ann a bhí 'slán folláin i gcáilíocht aistí neamhspleácha
filíochta. Chím dhá chúis leis an leathchuma pheannaideach
so. Siad san easpa máistríochta ar an dteangain agus easpa
tuisceana do scóp meadaireachta na Gaeilge' (1955: 88). Má
bhí sí ar aon fhocal le léirmheastóirí eile a fuair locht ar

'shodar suarach' na meadarachta, go mórmhór sna dánta fada, is é is mó a bhí ag déanamh tinnis di an tslí gur scar friotal agus comhréir an Ríordánaigh leis an teanga bheo.

Sé toradh a bhíonn ar a leithéid ná caint ná deir faic in aon chor, comharthaí nach féidir a léamh gan eochair. Dá mbeimis ag plé le teanga mhairbh níorbh aon chailliúint é seo, munarbh aon tairbhe féin é. Rud eile ar fad isea é má tá teanga á treascairt atá sean-oilte ar riachtanaisí an duine a fhreastal. Coir in aghaidh na saíochta a bheadh ansúd ná beadh dá bharr againn ach meán aistíle a chur ar fáil do dhream beag daoine. Seo é an t-anbhás atá ag bagairt ar an nGaeilge. Éireoidh le lucht a cleachtaithe gach gus agus gach dúchas a bhaint aisti, marbhóidh an sceanfairt í. (1953: 17)

Is é ba mhaith liom a dhéanamh san aiste seo ná dul siar arís ar an dá léirmheas sin agus ar aistí eile le Máire Mhac an tSaoi a théann i ngleic le saothar an Ríordánaigh féachaint conas a chuireann siad lenár dtuiscint ar a creideamh agus a cur chuige féin i gcúrsaí filíochta. Beidh sé á áiteamh agam go bhfuil léargas íogair ar shaothar an Ríordánaigh féin sa mhéid atá scríofa aici ina thaobh agus tuiscint neamhchoitianta ar chuid de na dúshláin is mó a bhaineann le scríobh i dteanga mhionlaithe. Is é an t-iontas is mó faoin gconspóid, b'fhéidir, ná a ghiorracht dá chéile a bhí an dá fhile sa léamh a dheineadar ar chás na Gaeilge agus ar fhreagracht an fhile i leith na teanga agus í faoi bhrú. I gcroílár na conspóide, tá ceist bhunúsach faoin léitheoir a shamhlaítear agus a chuirtear i gcás i bhfilíocht na Gaeilge, ceist nach bhfuil freagra sásúil againn fós uirthi.

Pé locht a fuair sí ar dhánta an Ríordánaigh, tá tuiscint

ghéar ar mheanma na filíochta aige soiléir sna haistí ar fad a scríobh Máire Mhac an tSaoi ar a shaothar. 'Is léir gurb ceist ghéibheannach ag an Ríordánach mistéar san an uaignis agus na haonphearsantachta, agus dá chomharthaí san, na bealtaí éalaithe atá ag an duine trí mhuintearas agus trí chomhthuiscint'. Agus arís: 'Is féidir a shamhlú nach bhfuil teacht ag an bhfile ar fhairsinge sa domhan chumhang abhartha seo ach trí chaidreamh ar na neithe sin nach féidir iad a bheith ann' (1953: 19). Chuir sí an Ríordánach i gcomparáid le Emily Dickinson sa mhéid go raibh an bheirt acu scoite leis an bpobal agus leis an teanga bheo a eascraíonn ón gcaidreamh laethúil idir daoine: 'Sa dá údar tá léargas ar shaol folaigh, iata, féinchruthaitheach, achar éigin i leataoibh ón mbeatha nithiúil, agus ag an mbeirt acu tá friotal ar leith chun an saol so a chur in iúl, teanga a cothaíodh sa leabharlainn agus nár ghabh trí choimheascar bríomhar na daonnachta laethúla' (1955: 89). Tá admháil os íseal, agus i ngan fhios, b'fhéidir, sa mhéid sin féin go bhfuil friotal agus léargas an dá fhile in oiriúint dá chéile, go bhfuil teanga na leabharlainne ag teacht le taithí saoil agus le samhlaíocht scoite an dá aonarán.

Fiche bliain níos moille, d'áirigh sí tús an réamhrá a chuir an Ríordánach le *Eireaball spideoige* ar cheann de na dánta is fearr a bhí scríofa aige, á chur i gcomparáid le Walt Whitman agus James Stephens. 'Ní féidir na macallaí a sheachaint, ach ní fhágann sin nach bhfuil stileáil déanta anseo ar an téama is buaine in inspioráid an Ríordánaigh, an mistéar a bhaineann le bheith, le coinfheas, agus le hindibhidiúlacht. Buantréith eile dá chuid sa dréacht, a pháirt leis an íochtarán, ós dhá aicme thráill iad ainmhithe agus leanaí araon faoinár gcórasna' (1974: 111). Maidir le cúrsaí creidimh, thuig sí anois gur 'in aon dabhach amháin a bhí ár nglúin uile tomtha faoi phróibhínseachas doicheallach an oideachais choitinn lenár linn. Fiche bliain níos aosta dom ní leamh liom a thuilleadh gnáthscrupaill choinsiasa an ghnáthógánaigh Chatlicí ach is ábhar iontais dom go bhféadfadh filíocht chomh geallúnach teacht as aon ithir chomh dearóil.' Ní hé an Ríordánach amháin a bhí cráite, dar léi, ag 'an mhoráltacht Bhicteoiriánach d'iompaigh ina lofais a cheangal sna cosa orthu' (111-13), ach cuid de mhórscríbhneoirí Béarla na hÉireann: Denis Devlin, John McGahern, James Joyce, Brian Ó Nualláin, agus John Millington Synge ina measc. Ba ábhar iontais léi an gheit áthais a bhain saothar an Ríordánaigh anois aisti:

Gach uair dá léim an leabhar nua sin *Brosna* agus a chomhleacaí *Línte liombó* a tháinig seacht mbliana ina dhiaidh, cuimhním ar an teideal a thug C.S. Lewis ar a bheathaisnéis, *Surprised by joy*: tá an t-aineamhach, an t-easnamhach tagtha abhaile. Ní hionann sin agus a rá nach leanfaidh deasca an turais de lena ré, ach tá sé anois tagtha ar fhód a bhfuil sé ceadmhach ann bheith i do dhuine ar leithridh (1974: 114).

Thug sí cuid mhór den gcreidiúint as an gclaochlú a bhí tagtha ar fhilíocht an Ríordánaigh do mhuintir na Gaeltachta ar shlí atá ag teacht go maith leis an léiriú ar luachanna maireachtana an phobail sin ina saothar féin, agus le cuid de na tréithe a shamhlaigh an Ríordánach le 'pobal neamhphollta' Dhún Chaoin:

Fáilte agus saíocht agus cúirtéis na Gaeltachta ba bhalsam iad dá lot, aiteas agus truamhéil na Gaeltachta ba dhroichead iad a cheadaigh teagmháil idir é agus a chomhdhuine, agus – crann tarrthála ba láidir i gcónaí aige, dá neamhdhealraithí a thaibhsíonn sin – an greann, fuair i gcuideachta na Gaeltachta a cheart de mhargadh. San aeráid sin bhláthaigh suirí fhada an fhile lena bheith féin faoi ionaracha nua discréide agus deisbhéalaí. Shaibhrigh ar 'chanúint na treibhe' thar na bearta aige; dhein sé a chuid féin de na fo-stóir focal, béarlagair an tsaothair agus an chaithimh aimsire, agus b'éifeachtaí iad chun ionchollú na meitifisice ná téarmaí na scoileanna . . . (115)

Maidir le *Eireaball spideoige*, chreid sí fós go raibh 'fórsáil' ba gheall le 'mí-ionracas' sna dánta fada ach go háirithe i gcéadleabhar an Ríordánaigh agus teanga an fhile craptha faoi 'mheadracht agus mhodhanna machnaimh Bhéarla ar séideadh a bpátrún as a chéile le linn an chéad chogaidh dhomhanda!' (112). Sna cnuasaigh a tháinig ina dhiaidh, bhí 'ceol agus iolargacht rithime sna línte agus an ceangal sin ar thrácht Ó Riada chomh minic sin air idir fhoghar agus chiall'. I saothar iomlán an Ríordánaigh, adúirt sí arís, bhí tuiscint neamhchoitianta ar chás an duine aonair, agus iarracht ionraic chun 'an uaisleacht is dual don phearsa dhaonna laistiar den staitistic a thabhairt slán' (1974: 117). Breis agus fiche bliain ina dhiaidh sin arís, agus cnuasach aistí le Seán Ó Tuama á mheas aici, chuir sí an sméar mhullaigh ar an moladh a thug sí do shaothar 'aibí' an Ríordánaigh:

His later poetry is astringent, profound, serious, original and witty; the substance therein is inseparable from the medium and the medium is Irish not a calque on English; it is not easy of access and it is not popular, but it has bottom. It stands comparison with the later Yeats or with Ó Bruadair. (1996: 22-3)

Is léir ón méid sin ar fad, dar liom, má lochtaigh Máire Mhac an tSaoi saothar luath an Ríordánaigh, gur thuig sí go maith cad a bhí ar bun aige, is go bhfuil léargas tuisceanach ar thréithe a chuid filíochta chomh maith leis an gcáineadh borb sna haistí léirmheasa aici. Sa chéad aiste féin, d'aithin sí go raibh 'géire agus úire thar an gcoitiantacht, maraon le misneach agus le macántacht', i bhfilíocht an Ríordánaigh, go raibh 'fiú ins na dréachta is tuirsiúla acu abairtí aonaracha is geall le clocha scáil' (1953: 17). Blianta níos faide anonn, d'admhaigh sí go raibh dearmadta aici a fheabhas a bhí na dánta gearra neamhphearsanta in *Eireaball spideoige,* go háirithe 'An gealt': 'Tá a leithéid de chruinneas scanrúil agus áthastúil in éineacht; áthastúil toisc go bhfuil an seod chomh snoite, chomh glan, scanrúil toisc uafásaí an chúlra as ar fáisceadh'(1974:116).

Maidir leis an mbéim atá ar chúrsaí meadarachta aici, is léir gur cheist phráinneach le filí nua-aimseartha na Gaeilge ag an am an gaol ba chóir a bheith idir a ndéantúis féin sa mhéid sin agus na múnlaí prósóide a fuaireadar rompu sa litríocht scríofa agus sa traidisiún béil. Tá cur síos ag an Ríordánach féin ina dhialann ar chomhrá a bhí aige le Seán Ó Tuama a thaispeánann go raibh go leor leor machnaimh á dhéanamh aige féin ar cheist na meadarachta agus comhairle á cur air ag duine de na cairde is fearr a bhí aige i gcúirt na filíochta, comhairle a bhí níos gaire, b'fhéidir, do dhearcadh Mháire Mhac an tSaoi ná mar a bheifí ag súil:

Tháinig Seán Ó Tuama anso um thráthnóna. Ní heol dom aoinne is mó a dheineann mion-scrúdú ar fhilíocht. An deifir idir rithim agus meadracht. Do luaidh sé 'Óm sceól ar árdmháigh Fáil'. D'fhéachamair ar dhánta

Mháirtín Uí Dhireáin. Tá na múnlaí ann adeir sé. Glac leo. Beidh do rithim féin agat ag marcaíocht ar an múnla. 'Cad 'na thaobh ná déanfá do mhúnlaí féin?' arsa mise. Ní gádh é, adeir sé, agus ar aon chuma ní féidir le file ar bith dá fheabhas é thar dhá mhúnla éifeachtach a dhéanamh i rith a shaoghail. Ní dóigh liom féin go bhfuil na rudaí seo go léir soiléir – domsa ar aon chuma. (Dialann neamhfhoilsithe: 3 Eanáir 1950)

Trí bliana níos moille, tharraing Máire Mhac an tSaoi véarsaí le Seán Ó Duinnshléibhe agus le Piaras Feiritéir chuici chun treise a chur lena hargóint féin faoin easnamh a chonaic sí i bhfilíocht an Ríordánaigh ó thaobh meadarachta de: 'Sé is préamh do shubháilce ghluaiseachta an dá iarracht sin ná an frith-rithim a dhéanann béim an chomhrá iontu le béim na meadaireachta. Is luachmhar an chosaint atá anseo ar chomhbhuille an ghliogair, agus d'oirfeadh go maith dár bhfile a leithéid a fhoghlaim' (1953: 18). Is léir, áfach, gur ghné aiceanta de shamhlaíocht scoilte an Ríordánaigh an rian a d'fhág prosóid an Bhéarla uirthi agus gur léiriú ionraic air sin na múnlaí véarsaíochta a chleacht sé sa chéad leabhar. Mar sin féin ba dheacair easaontú le Máire Mhac an tSaoi nuair a deir sí go bhfuil rithim agus meadaracht ag freastal ar a chéile agus ag cur le brí an dáin ar shlí níos ealaíonta tríd is tríd in *Brosna* ná mar a bhí in *Eireaball spideoige*.

Má bhí tuiscint chomh glé sin aici ar shaothar an fhile, cad fé ndear an faobhar neamhchoitianta a bhí ar bhreithiúnas an léirmheastóra, mura raibh ann ach bheith óg agus 'cáinteach ó nádúr', mar a mhaígh sí in agallamh le Michael Davitt (1984: 45)? Tá níos mó ná san i gceist, is léir, má fhéachaimid arís ar na téarmaí tagartha a tharraing Máire Mhac an tSaoi chuici sa bhriatharchath áirithe seo. Léiríonn a cur síos ar shaothar a comhfhile gnéithe bunúsacha dá creideamh liteartha féin, creideamh atá fite fuaite lena tuiscint ar chinniúint agus acmhainn na Gaeilge féin agus ar dhualgas an fhile i leith na teanga mionlaithe atá á scríobh aici. Má chuirimid an méid sin suas is anuas le tuairimí an Ríordánaigh faoi na nithe céanna, gheobhaimid léargas ar chuid de na ceisteanna is práinní a bhaineann le scéal na filíochta agus scéal na Gaeilge ón dá fhile is mó, b'fhéidir, ó aimsir an Phiarsaigh anuas, a chuaigh i ngleic os ard leis na ceisteanna sin.

Sa dara léirmheas ar *Eireaball spideoige* a foilsíodh in earrach na bliana 1955, cheangail Máire Mhac an tSaoi a breithiúnas ar Sheán Ó Ríordáin le hargóint láidir faoi chumhacht iomarcach an ollstáit a chuirfeadh éagsúlacht shinseartha an chine dhaonna ar ceal. Dhírígh sí ar 'an comhionannas marfach so is geall le bás' a lean an claochlú ón 'náisiúnachas ró-chumhang' go dtí 'intinn an ollstáit' agus 'múchadh iomlán na pearsantachta san a dhifríonn ó chéile an rud is náisiún agus an rud is stát'. Is sa chomhthéacs sin, dar léi, a chaithfí traidisiún dúchais na Gaeilge agus na Gaeltachta a chosaint:

> Aon duine a mheabhródh an fhaisnéis air seo atá le léamh in iliomad tuairiscí pearsanta, ní bheadh aon amhras air faoin bhfiúntas ar leithridh a bhaineann le gach iarsma den tseanshaol malartach dathanach. Is geall le laibhín iad – ní féidir an taos a bheith éiritheach á gceal. Ní dóigh liom go bhfuil sé ró-áiféiseach an Ghaeilge d'áireamh ar an gcuid seo de shaibhreas an chine dhaonna. Is teanga í a thugann léargas ar mheon sinsireach dúchais atá chomh deoranta d'intinn an ollstáit agus dob' fhéidir a bheith. Ba mhór an feall é, ní hamháin ar mhuintir na tíre seo ach ar chorparáid na náisiún, í a ligint chun báis. (86)

Is cuid den iarracht chuthaigh atá déanta aici ina saothar féin chun iarsma na héagsúlachta daonna a d'aimsigh sí i litríocht scríofa na Gaeilge agus i dtraidisiún béil Ghaeltacht Chorca Dhuibhne a chaomhnú an t-ionsaí a dhein sí ar fhile a raibh éigean á dhéanamh aige, dar léi, ar an ngné sin de shaibhreas an chine dhaonna. Mura raibh an ceart ar fad aici sa mhéid sin chomh fada is a bhain le filíocht luath an Ríordánaigh, is díol suntais é go raibh argóint den tsaghas céanna ar bun ag Seán Ó Ríordáin ar feadh na mblianta ar a cholún san *Irish Times*, mar atá léirithe ag Stiofán Ó Cadhla sa leabhar aige siúd ar an ngné iarchoilíneach de shaothar an Ríordánaigh (1998). Is sa chomhthéacs sin is ceart an méid a dúirt Máire Mhac an tSaoi faoi 'easpa máistríochta' an Ríordánaigh ar an teanga agus a 'easpa tuisceana' ar mhúnlaí meadarachta na Gaeilge a shuíomh. Is ionann, dar léi, an Ríordánú a dhein sé ar an nGaeilge agus cúl a thabhairt leis an meon sinseartha dúchais a bhí á chosaint agus á bhuanú ina cuid filíochta féin. Mura raibh an comhthéacs chomh soiléir sin sa chéad léirmheas, bhí an argóint chéanna fós ina lár istigh. 'Dá dtuigfeadh ár gcomhaimisrigh oilteacht na ceirde atá dá ligint i ndearmad acu ní fheadar ná go mbeadh anam na filíochta ar láimh shábhála sa Ghaeilge. Is cinniúnach an rud an cúl-le-dúchas, agus sé cuid is meas dhe gur i ngan fhios dúinn féin a bhíonn a lán againn ciontach ann' (1953: 18).

Is fiú filleadh uair amháin eile, más ea, ar cheist na teanga agus ar cheist na meadarachta. Ní ar a son féin amháin atá meadarachtaí traidisiúnta na Gaeilge le caomhnú, de réir Mháire Mhac an tSaoi, ach toisc go n-eascraíonn siad as gné aiceanta den tsaíocht dhúchais a dhealaíonn teanga agus filíocht na Gaeilge ó chomhionanannas marfach an aonchultúir agus an ollstáit. Is é a thug a cáilíocht faoi leith don litríocht shinseartha ná gur tháinig an traidisiún scríofa agus an traidisiún béil le chéile inti agus gur eascair stíleanna dúchais as an nasc sin idir an béal beo agus an focal scríofa. 'Tharla go mba litríocht chluaise i gcomhnaí litríocht na Gaeilge agus gurbh fhéidir ar an ábhar san dona lán de dhignit an léinn oifigiúil marachtaint faoi choim an bhéaloidis. Is anso ba cheart dúinn bunús a chuardach do stíl liteartha chomhaimsireach a mbeadh neart agus grásta ó phréimh inti' (1955: 88). Sa mhéid go maireann go leor de stair acoustach na teanga agus na filíochta mar sin sna meadarachtaí dúchais, tá bua eile acu thar 'sodar véarsaíochta an Bhéarla ins na seanleabhra scoile'. Ina theannta san, tá 'cosaint luachmhar ar chomhbhuille an ghliogair' a shamhlaigh sí le tionchar an Bhéarla ar an Ríordánach sna rithimí dúchais mar a ndeineann 'béim na meadaireachta' frithrithim le 'béim an chomhrá'. Leis sin, tá múnlaí véarsaíochta in aice láimhe ag an bhfile atá oilte sa traidisiún, atá oiriúnach don bhfilíocht chomhaimseartha agus dílis don tsaíocht dhúchais san am céanna (1955: 89). Is fiú a lua arís go bhfuil an méid sin ag teacht leis an gcomhairle a chuir Seán Ó Tuama ar an Ríordánach cúig bliana roimhe sin. Tá sé le tabhairt fé ndeara ar a shaothar tréis *Eireaball spideoige* go bhfuil an fhrithrithim sin idir béim an chomhrá agus béim na meadarachta ag cur go mór le héifeacht na filíochta aige sna dánta a leanann na seanmheadrachtaí a bheag nó a mhór agus sna dánta nach leanann.

Maidir le hionramháil na teangan aige, ní fhéadfaí a rá go raibh Máire Mhac an tSaoi dall ar an dúshlán a bhain leis an nGaeilge a chur in oiriúint don saol comhaimseartha:

Ní hamháin go gcaitheann an scríbhneoir atá ag plé le téama comhaimsireach sa Ghaeilge a théarmaíocht fhéin a cheapadh de réir mar théann sé chun cinn, sclábhaíocht is measa ná briseadh cloch, ach níl aon tsiúráil aige go dtuigfear an rud atá breactha aige ins an chiall inar thuig sé féin é. [...] Ceal caidrimh ar chomhleacaithe dá mhianach féin, níl aon tomhas ag an scríbhneoir chun éifeacht na canúna aige, bíodh nádúrtha nó tacair, a mheas i gceart, ná aon tsampla chun riail a choimeád uirthi. (1955: 87)

Tá ball bog san argóint sin, ba dhóigh leat, sa mhéid go nglacann sí leis, de réir dhealraimh, nach gá go gcloífeadh an scríbhneoir leis an teanga bheo, gur féidir lena chanúint liteartha bheith 'nádúrtha' nó 'tacair'. Eisiomláir den scríbhneoir a raibh canúint nádúrtha aige ab ea Máirtín Ó Cadhain, dar léi. Dá mhéid a shaothraigh sé an teanga, bhí údarás aige a chuir friotal na scéalaíochta i bhfeidhm ar an léitheoir: 'úsáidfidh sé corraí cainte canúnacha ná beidh cloiste agat ach nuair a úsáidfidh seisean iad beidh a fhios agat mar sin go bhfuilid ann, gur teanga bheo í seo ... fiú amháin gan iad a chlos riamh roimis sin, tuigfidh tú iad. Cuirfidh siad iad féin i bhfeidhm ort' (Mhac an tSaoi 1984: 42). Tá údarás na teanga beo mar sin laistiar de fhriotal an Chadhnaigh agus sin é a chuireann a chanúint liteartha i bhfeidhm ar a chuid léitheoirí. Dá aiteacht leo an chanúint sin, aithníonn siad go bhfuil riail agus caighdeán cinnte laistiar di.

Cá bhfágann sé sin an scríbhneoir gur teanga leath-leis an Ghaeilge, atá ag iarraidh canúint 'tacair' a shaothrú chun freastal ar riachtanas a shamhlaíochta féin nach féidir a lonnú go socair laistigh d'aon chanúint réamhdhéanta sa teanga bheo ná sa litríocht? D'fhill sí ar an gceist seo ina hagallamh le Michael Davitt:

Ní féidir leat rudaí tábhachtacha a rá muna bhfuil caighdeán de shaghas éigin agat. Caithfidh cinnteacht éigin a bheith sa mheá sara bhféadfaidh tú aon rud a chur in iúl go cruinn. Níl an chinnteacht san le fáil sa Ghaeilge ach amháin má leanann tú canúint éigin, canúint chlasaiceach liteartha, canúint an ochtú haois déag nó canúint éigin áitiúil. An teoiric a bhí agamsa ná féadfadh Ó Ríordáin filíocht a scríobh i gcanúint éiginnte na cathrach. Dá mbeadh sé ina mháistir – faoi mar ná fuil, fiú amháin an fhilíocht is fearr dar scríobh sé – níl sé ina mháistir mór filíochta faoi mar a bhí Ó Cadhain ina mháistir mór próis, d'fhéadfadh sé a chanúint féin a chur i bhfeidhm ar nualitríocht na Gaeilge ach ní raibh an tallann ann. (48)

Ar shlí, is géire an cáineadh é sin ar shaothar an Ríordánaigh ná aon ní eile dar scríobh sí ina thaobh. Glacann sí leis go bhféadfaí canúint filíochta a shaothrú sa Ghaeilge nach mbeadh ag brath ar chaint na ndaoine sa Ghaeltacht ná ar an teanga liteartha ach ní raibh a dhóthain máistreachta ag Ó Ríordáin ar a chanúint 'éiginnte' féin, dar léi, chun an chanúint sin a chur abhaile ar a chuid léitheoirí. Más ea, is léir ar fhianaise na dialainne agus na n-aistí aige, agus ar dhánta ar nós 'A Ghaeilge im pheannsa', 'A theanga seo leath-liom', agus, go deimhin, 'Fill arís', go raibh an t-amhras céanna ar an Ríordánach féin mar gheall ar an gcanúint a bhí á saothrú aige sa bhfilíocht. Ní hionann san is a rá go raibh an ceart ag ceachtar acu, ach gur aithníodar beirt an dúshlán agus an chontúirt a bhain le filíocht a scríobh i dteanga mhionlaithe is gur dheineadar machnamh leanúnach ar an gcoimhlint sin idir riachtanas samhlaíochta an fhile aonair agus riachtanas teanga a d'fhéadfadh a bheith caillte roimhe féin, mar adúirt Ó Cadhain (1969: 40).

Ní miste a lua arís go mba ghné lárnach de thionscnamh filíochta an Ríordánaigh an friotal 'éiginnte' a d'eascair as samhlaíocht scoilte a bhí i ngreim idir dhá theanga gan a bheith age baile ar fad i gceachtar acu. Ní leor san mar chosaint air, de réir Mháire Mhac an tSaoi, mar go mbíonn tionchar diúltach ar an teanga bheo ag friotal an scríbhneora nach ngéilleann d'aon riail seachas a riail éiginnte féin: 'ná cíonn tú go mbochtaíonn tú an chanúint. [. . .] chomh luath agus a thosnaíonn tú air sin imíonn siúráil as an teanga' (1984: 48). Míníonn sé sin, b'fhéidir, an drochamhras a léirigh sí ar bhua cainte an Ríordánaigh sa chéad léirmheas tríocha bliain roimhe sin.

> Níl aon amhras ná go dtéann an saghas sin cruthaíochta chun leasa don dteangain. Caitear srian a choimeád leis ámh, agus go speisialta caitear gan míchothrom d'imirt ar an dteangain ina crot beo. Is treise ar uafás na haon-iarrachta a theipfidh, ná ar fhiúntas na coda eile go léir. (1953: 17)

Tá an cáineadh bunaithe ar thuiscint go bhfuil freagracht ar an bhfile i leith na teanga a sháraíonn, is cosúil, a dhílseacht dá shamhlaíocht féin nuair atá an teanga atá á scríobh aige i mbaol.

> Níl gá lena leithéid [de cheannasaíocht] sa Bhéarla. Tá filíocht an Bhéarla bunaithe agus préamhaithe. Ach má tá an Ghaeilge le maireachtaint is mar theanga liteartha a chaithfidh sí maireachtaint. Caithfidh duine éigin ar nós Shakespeare a shéala a chur ar an teanga ar fad agus caighdeán a thabhairt dúinn. Muna ndéanfaidh, caillfear an teanga. (1984: 50)

San aiste íogair, 'Dhá arm aigne' (1990), léiríonn sí taobh eile den scéal, is é sin, cruachás an fhile a chloíonn go dlúth le caighdeán na teanga beo agus na litríochta sinseartha is go dtéann an teanga sin ó thuiscint ar dhaoine le himeacht aimsire. Admhaíonn sí nach dtuigtear a cuid filíochta féin anois toisc a dhlúithe a chloígh sí le canúint Chorca Dhuibhne mar chaighdeán agus an chanúint sin a bheith imithe i léig ó thosnaigh sí ag scríobh. 'Deirtí go mba phioróid é an cainteoir dúchais deireannach a mhair de chuid Bhreatain Chorn, agus gur chónaigh sé i Ringsend. Mise an phioróid sin. Tá mo mheán eispreisiúna sásúil ar fad maidir liom féin ach an slán d'aon ráiteas ar an uaigneas gan cluas á éisteacht?' (15). Leis sin, tá casadh gan choinne bainte aici as tuiscint an Ríordánaigh ar an teannas ba cheart a bheith idir teanga phríobháideach an scríbhneora aonair agus an bhunteanga phobail laistiar di. Má bhraitheann 'aiteacht na teangan príobháidí ar neamhaiteacht na bunteangan' (Ó Ríordáin 1979: 19), cad a tharlaíonn nuair is ait leis an léitheoir an bhunteanga agus an teanga phríobháideach araon, nuair nach bhfuil aon chanúint choitianta i bpáirt ag an scríbhneoir agus a chuid léitheoirí?

Tá freagra amháin ar an méid sin ag Máire Mhac an tSaoi sa léirmheas a scríobh sí ar chéadleabhar Liam Uí Mhuirthile, *Tine chnámh* (1984). Cé gurb í an Ghaeilge an dara teanga ag an bhfile,

Níl aon rian den airtifiseáltacht anseo; is den aicme Ó Muirthile a scríobhann ón nádúr filíocht as Gaeilge. [. . .] Is geall le paradacsa é macántacht a lua mar shain-chomhartha le saothar aon duine a scríobhann i dteanga mhionlaigh nach í a chéad theanga féin í, ach níl aon amhras a thuilleadh ach gur cuid rannpháirteach an feiniméan seo d'eisint ár gcultúir mheánaicmigh inniu in Éirinn. (1984a: 52)

Is mar gheall ar an gcóras oideachais é sin, adeir sí, agus mar gheall ar dhílseacht an fhile do 'náisiún na mbailte fearainn' a bhfuil nasc beo aige i gcónaí leis an 'dúchas Gaelach'. Murab ionann leis an scitsifréine a aithníonn sí inti féin idir 'mo phearsantacht Bhleácliathúil agus mo phearsantacht Ghaeltachta', an *diglossia* a scarann Béarla na hintleachta ó Ghaeilge an chroí (1984: 40-41), agus leis an Ríordánach nár éirigh leis a chanúint féin a réiteach le dúchas na teangan, áitíonn sí go bhfuil Ó Muirthile tréis réim teangan a shaothrú atá dílis dá thaithí agus dá shamhlaíocht mheasctha féin, is go bhfuil idir ionraiceas agus údarás ina léargas ar chás an duine atá gafa idir dhá theanga idir dhá shaol.

An amhlaidh gur féidir é go n-aireodh duine é féin deoranta, cúigeach fiú amháin, laistigh de rian na teanga a d'fhoghlaim sé ag glúin na máthar? Agus go dtiocfadh sé in inmhe trí mheán na teanga a bhain i bhfad roimis sin leis an gcine? Gach dealramh gurb amhlaidh. [. . .] Tá údarás i ngach líne. An déscaradh idir saol Béarlach na hÉireann amuigh agus réim na Gaeilge in intinn an tuairisceora istigh, tá se slánaithe anseo gan uaim. (52)

Pé ní adéarfaí faoina breithiúnas ar Sheán Ó Ríordáin, is léir ina cuid aistí go léir go bhfuil slánú na teanga féin i gceartlár na luachanna liteartha a ngéilleann Máire Mhac an tSaoi dóibh. Leis sin, tá tábhacht thar na bearta le saothar an scríbhneora Ghaeilge, dar léi, agus freagracht dá réir. 'Is ar shaothrú na teangan mar litríocht atá anois iomlán dóchas na Gaeilge ag brath agus teacht na Gaeltachta slán san áireamh.

Ar bhonn áisiúlachta ní mhairfidh sí; ach ar bhonn shuaithiseacht na beatha ba cheart go mbeadh ana-sheans léi' (1990: 15). Leis an tagairt do 'shuaithinseacht na beatha' ansan, meabhraíonn sí arís dúinn an tábhacht a bhaineann le héagsúlacht chultúrtha seachas 'an comhionanannas marfach so is geall le bás' agus le 'meon sinsearach an dúchais' mar chosaint in aghaidh 'intinn an ollstáit' (1955: 86). Ar deireadh, seasann sí go neamhbhalbh i measc na rómánsaithe réabhlóideacha a tháinig roimpi ó thús ré na hathbheochana.

> Is dóigh le daoine nach leor mórtas cine chun an teanga a thabhairt slán. Táim sásta dul i mbannaí gur leor, agus gurb iad na siocaracha idéalacha, rómánsúla, seachas aon argóint phraiticiúil faoi ndear í a bheith insa mhaith ina bhfuil sí. Fágann an cúrsa uile ualach trom freagrachta orthu súd a thugann faoi scríobh na Gaeilge. Is é ár ndualgas é a chruthú go bhfuil sí beo, agus tá – an fhaid atáimidne ag plé léi. (1990: 15)

NA HÚDAIR

Patricia Coughlan.
Ollamh Emerita, Scoil an Bhéarla, Coláiste na hOllscoile, Corcaigh; Comhalta Taighde Sinsearach de chuid Rialtas na hÉireann (2002-3); Ollamh Cuarta sa Léann Éireannach in Ollscoil Concordia in Montreal (2010); eagarthóir, *Spenser and Ireland* (1990); comheagarthóir, *Modernism and Ireland: The Poetry of the 1930s* (1995), agus *Irish Literature: Feminist Perspectives* (2008). Tá aistí foilsithe aici ar an dioscúrsa coilíneach 1590-1670, an litríocht Ghotach, litríocht na 20ú aoise, agus suim ar leith aici i litríocht na mban agus sa chritic fheimineach. Is ceannaire í ar an tionscadal 'Women in Irish Society' a mhaoinigh An Chomhairle um Thaighde in Éirinn (2000-3).

Louis de Paor
Stiúrthóir Ionad an Léinn Éireannaigh in Ollscoil na hÉireann, Gaillimh, agus go leor scríofa aige faoi ghnéithe éagsúla de nua-litríocht na Gaeilge, idir phrós agus fhilíocht. I measc a shaothair chriticis tá *Faoin mblaoisc bheag sin* (1991), eagrán dhátheangach de shaothar filíochta Mháire Mhac an tSaoi, *An paróiste míorúilteach/The miraculous parish: Rogha dánta/Selected poems* (2011), agus eagrán de dhánta Liam S Gógan, *Míorúilt an chleite chaoin: Rogha dánta Liam S Gógan*. Tá sé ag obair faoi láthair ar dhíolaim dhátheangach d'fhilíocht Ghaeilge an chéid seo caite agus ar dhialanna Sheáin Uí Ríordáin.

Mícheál Mac Craith

Sagart Proinsiasach a bhí ina Ollamh le Nua-Ghaeilge in Ollscoil na hÉireann Gaillimh ó 1997 nó gur éirigh sé as in 2011. Ina chaomhnóir anois ar Collegio San Isidoro sa Róimh. Chaith sé seal mar Chomhalta ar Cuairt san Institute for Advanced Studies in the Humanities in Ollscoil Dhún Éidinn agus i St Edmund's College, Cambridge. Ghnóthaigh sé Comhaltacht Shinsearach Taighde ó Chomhairle Taighde na hÉireann sna Daonnachtaí agus sna hEolaíochta Sóisialta sa bhliain 2008 chun taighde a dhéanamh ar an tréimhse deoraíochta a chaith Aodh Ó Néill sa Róimh. Tá sé ag gabháil don taighde sin i gcónaí agus do ghnéithe eile de lorg na nGael sa chathair shíoraí.

Caoimhín Mac Giolla Léith

Léachtóir i Scoil na Gaeilge, an Léinn Cheiltigh, Bhéaloideas Éireann agus na Teangeolaíochta sa Choláiste Ollscoile, Baile Átha Cliath. I measc a chuid foilseachán ar litríocht na Gaeilge tá *Óidheadh Chloinne hUisneach* (1992), *Cime mar chách: Aistí ar Mháirtín Ó Direáin* eag. (1993) agus *Fill arís: Oidhreacht Sheáin Uí Ríordáin* comheag. (2012). Tá mórán aistí foilsithe aige chomh maith ar an ealaín chomhaimseartha.

Máire Ní Annracháin

Ina hollamh le Nua-Ghaeilge i gColáiste na hOllscoile, Baile Átha Cliath ó 2009. Roimhe sin chaith sí cuid mhaith blianta in Ollscoil na hÉireann Má Nuad. Tá spéis aici sa teoiric liteartha agus i nualitríocht Ghaeilge na hÉireann agus na hAlban araon. Is ar fhilíocht Shomhairle MhicGill-Eain a bunaíodh a tráchtas dochtúireachta, ar foilsíodh leagan de faoin teideal *Aisling agus tóir: An slánú i bhfilíocht Shomhairle MhicGill-Eain* (1992). Baineann na hailt is deireanaí léi le leanúnachas an traidisiúin liteartha agus le saothar cuid de scríbhneoirí móra na Gaeilge.

Eiléan Ní Chuilleanáin

Rugadh í i gcathair Corcaí i 1942 agus fuair sí a hoideachas ansan agus níos déanaí in Oxford. Ó 1966 go 2011 bhí sí ag múineadh litríochta an Bhéarla i gColáiste na Tríonóide go lánaimsearach. Tá taighde déanta agus foilsithe aici faoi litríocht an Athrú Chreidimh, faoi chúrsaí aistriúcháin agus faoi shaothar Mharia Edgeworth. Tá ocht leabhar filíochta foilsithe aici i mBéarla, agus leabhair fhilíochta aistrithe go Béarla aici ón nGaeilge, ón Iodáilis agus ón Rómáinis. Tá sí pósta le file eile, Macdara Woods.

Ríóna Ní Fhrighil

Léachtóir le Gaeilge in Ollscoil na hÉireann, Gaillimh. Is í údar an leabhair *Briathra, béithe agus banfhilí: Filíocht Eavan Boland agus Nuala Ní Dhomhnaill* (2008) agus eagarthóir an chnuasaigh aistí *Filíocht chomhaimseartha na Gaeilge* (2010). Bhí sí ina comheagarthóir ar na cnuasaigh *Aistriú Éireann* (2008) agus *Ó theagasc teanga go sealbhú teanga* (2009). Tá sainspéis aici san fhilíocht chomhaimseartha agus i gcúrsaí critice, i gcúrsaí aistriúcháin agus sa teangeolaíocht fheidhmeach.

Máirín Nic Eoin

Ball d'fhoireann Roinn na Gaeilge, Coláiste Phádraig, Droim Conrach. Ar na saothair is tábhachtaí dá cuid, tá na leabhair chritice *B'ait leo bean: Gnéithe den idé-eolaíocht inscne i dtraidisiún liteartha na Gaeilge* (1998) agus *Trén bhfearann breac: An díláithriú cultúir agus nualitríocht na Gaeilge* (2005). Is í eagarthóir an chnuasaigh *Gaolta gairide: Díolaim filíochta ar théamaí óige agus teaghlaigh* (2010).

FOINSÍ A CEADAÍODH

Allt, Peter & Russell K. Alspach, eds. 1977. *Variorum edition of the poems of W. B. Yeats.* New York: Macmillan.

Altman, Julie Cooper. 2003. 'Social motherhood revisited', *Affilia* 18, 80-86. (léite ag
http://aff.sagepub.com/content/18/1/80 ar 6 Meán Fómhair 2012).

Aragon, Louis. 1942. *Le crève-coeur.* London: Edition Horizon - La France Libre.

Aragon, Louis. 1943. *Les yeux d'Elsa.* London: Edition Horizon - La France Libre.

Arensberg, Conrad, & Solon Kimball. 1968. *Family and community in Ireland.* Cambridge, Mass.: Harvard University Press.

Barzilai, Shuli. 1990. 'Reading "Snow White": The mother's story', in Jean O'Barr et al., eds. *The ties that bind: Essays on mothering and patriarchy.* Chicago: University of Chicago Press. 253-72.

Beckett, Samuel. 1969. *Proust and three dialogues with Georges Duthuit.* London: John Calder.

Beiner, Guy. 2007. *Remembering the year of the French: Irish folk history and social memory.* Madison: University of Wisconsin Press.

Bourke, Angela. 1992. 'Bean an leasa', in Eoghan Ó hAnluain, eag. *Leath na spéire.* Baile Átha Cliath: An Clóchomhar. 74-90.

Bourke, Angela et al., eds. 2002. *Field Day anthology of Irish writing, vol. V: Women's writing and traditions.* Cork: Cork University Press.

Brümmer, Vincent. 1993. *The model of love.* Cambridge.

Chodorow, Nancy, & Susan Contratto. 1982. 'The fantasy of the perfect mother', in Barrie Thorne & Marilyn Yalom, eds. *Rethinking the family.* New York: Longman. 54-75.

Cnuasach Bhéaloideas Éireann (CBÉ). Tagairt do bhailiúchán lámhscríbhinní de chuid Roinn Bhéaloideas Éireann, Coláiste na hOllscoile, Baile Átha Cliath.

Conway, Eileen. 2004. 'Motherhood interrupted: Adoption in Ireland', in Patricia Kennedy, ed. *Motherhood in Ireland: Creation and context.* Cork: Mercier Press. 181-93.

Cruise O'Brien, Conor. 1998. *Memoir: My life and themes.* Dublin: Poolbeg.

Cruise O'Brien, Máire. [féach McEntee O'Brien, Máire agus Mhac an tSaoi, Máire] 2003. *The same age as the State.* Dublin: O'Brien Press.

Cullingord, Elizabeth Butler. 1993. *Gender and history in Yeats's love poetry.* Cambridge: Cambridge University Press.

Curtin, Chris. 1968. 'Marriage and family', in Patrick Clancy, ed. *Ireland: A sociological profile.* Dublin: Institute of Public Administration. 154-72.

de Brún, Pádraig. 1934 [1903]. 'Ceanntar an Fheiritéaraigh', in Pádraig Ua Duinnín, eag. *Dánta Phiarais Feiritéir.* Baile Átha Cliath: Oifig Díolta Foilseacháin Rialtais. 7-10.

de Brún, Pádraig. 1944. 'Thar Lóire ó dheas 1940', *Comhar* (Iúil). 3.

de Brún, Pádraig. 1945. 'An mhúscailt', *Comhar* (Eanáir). 2.

de Brún, Pádraig et al, eag. 1971. *Nua-dhuanaire I.* Baile Átha Cliath: Institiúid Ard-Léinn Bhaile Átha Cliath.

de Paor, Louis. 2006. 'Contemporary poetry in Irish: 1940-2000', in Margaret Kelleher & Philip O'Leary, eds. *The Cambridge history of Irish literature, vol. II 1890-2000.* Cambridge: Cambridge University Press. 317-56.

de Paor, Louis. 2011. 'Réamhrá/ Introduction', in Máire Mhac an tSaoi, *An paróiste míorúilteach/ The miraculous parish: Rogha dánta/ Selected poems.* Indreabhán & Dublin: Cló Iar-Chonnacht & The O'Brien Press. 15-37.

Didion, Joan. 2006. *The year of magical thinking.* London: Harper Perennial.

Dinneen, Rev. Patrick S. & Tadhg O'Donoghue, eag. 1911 [1900]. *Dánta Aodhagáin Uí Rathaille /The poems of Egan O'Rahilly.* London: David Nutt for the Irish Texts Society.

Ellis, Robert E. 1968. *The heart is a lonely hunter.* Scannán.

Friedman, Marilyn. 1991. 'The social self and the partiality debates', in Claudia Card, ed. *Feminist ethics.* Kansas: University of Kansas Press. 161-79.

Friedman, Marilyn, 1995. 'Beyond caring: The de-moralization of gender', in Virginia Held, ed. *Justice and care: Essential readings in feminist ethics.* Boulder, Colorado & Oxford: Westview Press. 61-78.

Goodby, John. 2000. *Irish poetry since 1950: From stillness into history.* Manchester: Manchester University Press.

Grosz, Elizabeth. 1994. *Volatile bodies: Towards a corporeal feminism.* Bloomington & Indianopolis: Indiana University Press.

Hague Convention on protection of children and co-operation in respect of intercountry adoption. 1993. http://www.hcch.net/index_en.php?act=conventions.text&cid=69

Jenkinson, Biddy. 1991. *Dán na huidhre.* Baile Átha Cliath: Coiscéim.

Jordan, John. 'A native poet', *The Irish Times* 23 February 1957.

Joyce, James. 2000 [1914]. *Dubliners*. Oxford: Oxford University Press.

Jung, C. G. 1968. *Psychology and alchemy, collected works*, vol 12. Princeton, N.J.: Princeton University Press.

Kennedy, Patricia. ed. 2004. *Motherhood in Ireland: Creation and context*. Cork: Mercier Press.

Kittay, Eva Feder. 1999. *Love's labor: Essays on women, equality, and dependency*. London & New York: Routledge.

Kristeva, Julia. 1982. *Powers of horror: An essay on abjection*. tr. Leon S. Roudiez. New York: Columbia University Press.

Kristeva, Julia. 1987. 'Stabat mater'. *Tales of love*. tr. Leon S. Roudiez. New York: Columbia University Press. 234-63.

Laird, Heather. ed. 2012. *Daniel Corkery's cultural criticism: Selected writings*. Cork: Cork University Press.

Letherby, Gayle. 1999. 'Other than mother and mothers as others: The experience of motherhood and non-motherhood in relation to "infertility" and "involuntary childlessness"', *Women's Studies International Forum* 22 (3). 359-72.

Letherby, Gayle. 2002. 'Childless and bereft?: Stereotypes and realities in relation to "voluntary" and "involuntary" childlessness and womanhood', *Sociological Enquiry* vol. 72, no. 1. (Winter) 7-20.

Lysaght, Patricia. 1986. *The banshee: The Irish supernatural death-messenger*. Dublin: O'Brien Press.

Mac Suibhne, Seán. http://home.connect.ie/smacsuibhne/amhran/teacs/89.htm

MacGill-Eain, Somhairle (Sorley MacLean). 2011. *Caoir gheal leumraich/White leaping flame: Collected poems in Gaelic with English translations*. Christopher Whyte & Emma Dymock, eds. Edinburgh: Polygon.

MacGill-Eain, Somhairle. 1989. *O choille gu bearradh / From wood to ridge: Collected poems in Gaelic and English*. Manchester: Carcanet.

McBride, Ian. 2001. *History and memory in modern Ireland*. Cambridge: Cambridge University Press.

McCullers, Carson. 1940. *The heart is a lonely hunter*. Boston: Houghton Mifflin.

McEntee O'Brien, Máire [féach Mhac an tSaoi, Máire agus Cruise O'Brien, Máire] & Cruise O'Brien, Conor. 1972. *A concise history of Ireland*. London: Thames & Hudson.

Mhac an tSaoi, Máire. [féach McEntee O'Brien, Máire agus Cruise O'Brien, Máire] 1953. 'Filíocht Sheáin Uí Ríordáin', *Feasta* (Márta) 17-19.

Mhac an tSaoi, Máire. 1955. 'Scríbhneoireacht sa Ghaeilge inniu', *Studies* (Spring) 86-91.

Mhac an tSaoi, Máire. 1956. *Margadh na saoire*. Baile Átha Cliath: Sáirséal agus Dill.

Mhac an tSaoi, Máire. 1973. *Codladh an ghaiscígh agus véarsaí eile*. Baile Átha Cliath: Sáirséal agus Dill.

Mhac an tSaoi, Máire. 1974. 'Fireann ar an uaigneas: Filíocht Sheáin Uí Ríordáin', in Seán Ó Mórdha, eag. *Scríobh 1*. Baile Átha Cliath: An Clóchomhar. 111-17.

Mhac an tSaoi, Máire. 1980. *An galar dubhach*. Baile Átha Cliath: Sáirséal agus Dill.

Mhac an tSaoi, Máire. 1983. 'The female principle in Gaelic poetry', in S. F. Gallagher, ed. *Woman in Irish legend, life and literature*. Gerrards Cross, Bucks.: Colin Smythe. 26-37.

Mhac an tSaoi, Máire. 1984. 'Mo dhiachair áilleacht bhristechroíoch ...', Faoi agallamh ag Michael Davitt, *Innti 8*. 38-59.

Mhac an tSaoi, Máire. 1984a. 'Náisiún na mbailte fearainn', *Comhar* (Lúnasa). 52.

Mhac an tSaoi, Máire. 1987. *An cion go dtí seo*. Baile Átha Cliath: Sáirséal Ó Marcaigh.

Mhac an tSaoi, Máire. 1990. 'Dhá arm aigne', *Innti 13*. 14-15.

Mhac an tSaoi, Máire, 1992. 'Ar thóir Ghearóid Iarla', *Oghma 2*. 20-33.

Mhac an tSaoi, Máire. 1995 'In celebration of the Irish language', *The Southern Review* vol. 31, no. 3, (July). 772–85.

Mhac an tSaoi, Máire. 1996. Léirmheas ar *Repossessions: Selected essays on the Irish literary heritage* le Seán Ó Tuama, *Poetry Ireland Review*. 49. 18-25.

Mhac an tSaoi, Máire. 1997. *Trasládáil*. Béal Feirste: Lagan Press.

Mhac an tSaoi, Máire. 1999. *Shoa agus dánta eile*. Baile Átha Cliath: Sáirséal Ó Marcaigh.

Mhac an tSaoi, Máire. 2000. In conversation with Harry Kreisler, University of California, Berkeley, 4 April 2000, 'Conversations with history: Irish poetry, Maire MacEntee', http:// conversations. berkeley.edu/content/maire-macentee

Mhac an tSaoi, Máire. 2001. *An bhean óg ón ...* Indreabhán: Cló Iar-Chonnacht.

Mhac an tSaoi, Máire. 2002 [1992]. 'An bhean óg', tr. Angela Bourke. in Angela Bourke et al., eds. *Field Day anthology of Irish writing, vol. V: Women's writing and traditions*. Cork: Cork University Press. 1139-411.

Mhac an tSaoi, Máire. 2004. 'Motherhood in Gaelic Ireland', in Patricia Kennedy, ed. *Motherhood in Ireland: Creation and context*. Cork: Mercier Press. 89-94.

Mhac an tSaoi, Máire. 2008. *Cérbh í Meg Russell?* Indreabhán & Gaillimh: Leabhar Breac & Ionad an Léinn Éireannaigh.

Mhac an tSaoi, Máire. 2008a. Faoi agallamh ag Páraic Breathnach, *Soiscéal Pháraic*. Craoladh 27 Feabhra 2008 ar TG4. http://www.youtube.com/watch?v=j9DktpC8GuU [féachadh 10 Feabhra 2013]

Mhac an tSaoi, Máire. 2011. *An paróiste míorúilteach / The miraculous parish: Rogha dánta/ Selected poems*. Louis de Paor, eag. Baile Átha Cliath & Indreabhán: O'Brien Press & Cló Iar-Chonnacht.

Mhac an tSaoi, Máire. 2011a. *Scéal Ghearóid Iarla*. Indreabhán: Leabhar Breac.

Mhac an tSaoi, Máire. 2013. *Marbhnaí Duino*, aistrithe ó Ghearmáinis Rainer Maria Rilke. Indreabhán & Gaillimh: Leabhar Breac & Ionad an Léinn Éireannaigh.

Milotte, Mike. 1997. *Banished babies: The secret history of Ireland's baby export business*. Dublin: New Island.

Monda, Antonio. 2007. *Do you believe? Conversations on God and religion*. New York: Vintage Books.

Morley, Vincent, 2011. *Ó Chéitinn go Raiftearaí: mar a cumadh stair na hÉireann*. Baile Átha Cliath: Coiscéim.

Ní Dhomhnaill, Nuala. 1981. *An dealg droighin*. Baile Átha Cliath & Corcaigh: Cló Mercier.

Ní Dhomhnaill, Nuala. 1991. *Feis*. Maigh Nuad: An Sagart.

Nic Dhiarmada, Bríona. 1987. 'Bláthú an traidisiúin', *Comhar* (Bealtaine). 23-9.

Nic Dhiarmada, Bríona. 1988. 'Tradition and the female voice in contemporary Gaelic poetry', *Women's Studies International Forum*, vol. 11, no.4. 387-93.

Nic Dhiarmada, Bríona. 2010. 'Máire Mhac an tSaoi', in Ríóna Ní Fhrighil, eag. *Filíocht chomhaimseartha na Gaeilge*. Baile Átha Cliath: Cois Life. 15-27.

Nicholson, D. H. S. & A. H. E Lee, eds. 1917. *The Oxford book of English mystical verse*. Oxford: The Clarendon Press.

Noddings, Nel. 1995. 'Caring', in Virginia Held, ed. *Justice and care: Essential readings in feminist ethics*. Boulder, Colorado & Oxford: Westview Press. 7-30.

O'Brien, Frank. 1968. *Filíocht Ghaeilge na linne seo*. Baile Átha Cliath: An Clóchomhar.

O'Brien, Joseph V. 1982. *Dear, dirty Dublin: A city in distress, 1899-1916*. Berkeley: University of California Press.

Ó Cadhain, Máirtín. 1953. 'Ciumhais an chriathraigh', *Cois caoláire*. Baile Átha Cliath: Sáirséal agus Dill. 36-63.

Ó Cadhain, Máirtín. 1969. *Páipéir bhána agus páipéir bhreaca*. Baile Átha Cliath: An Clóchomhar.

Ó Cadhla, Stiofán. 1998. *Cá bhfuil Éire? Guth an ghaisce i bprós Sheáin Uí Ríordáin*. Baile Átha Cliath: An Clóchomhar.

O'Connor, Áine. 2005. *The blessed and the damned: Sinful women and unbaptised children in Irish folklore.* Oxford & Berlin: Peter Lang.

Ó Criomhthain, Tomás, 1980 [1929]. *An t-oileánach.* Baile Átha Cliath: Helicon Teo.

Ó Direáin, Máirtín. 1953. 'Ríordánachas agus eile', *Feasta* (Bealtaine). 14-15. Baile Átha Cliath: An Clóchomhar.

Ó Gráda, Cormac. 1999. *Black '47 and beyond: The great Irish famine in history, economy, and memory.* Princeton, New Jersey: Princeton University Press.

Ó Maonaigh, Cainneach. eag. 1952. *Scáthán shacramuinte na haithridhe le hAodh Mac Aingil.* Baile Átha Cliath: Institiúid Ard-Léinn Bhaile Átha Cliath.

Ó Ríordáin, Seán. 1952. *Eireaball spideoige.* Baile Átha Cliath: Sáirséal agus Dill.

Ó Ríordáin, Seán. 1979. 'Teangacha príobháideacha', in Seán Ó Mórdha, eag. *Scríobh 4.* An Clóchomhar: Baile Átha Cliath. 13-22.

Ó Ríordáin, Seán. 2011. *Na dánta.* Indreabhán: Cló Iar-Chonnacht.

Ó Ríordáin, Seán. Dialann neamhfhoilsithe. Leabharlann an Choláiste Ollscoile, Baile Átha Cliath.

Owens, Cóilín, 1992. 'The mystique of the west in Joyce's "The Dead"', *Irish University Review* 22 (1). 80-91.

Partridge, Angela. 1983. *Caoineadh na dtrí Muire.* Baile Atha Cliath: An Clóchomhar.

Petrarch, Francesco. http://petrarch.petersadlon.com/canzoniere.html?poem=212

Prager, Jeffrey. 1998. *Presenting the past: Psychoanalysis and the sociology of misremembering.* Cambridge, Mass.: Havard University Press.

Prút, Liam. eag. 2005. *Athbheochan an léinn nó dúchas na Gaeilge?: Iomarbhá idir Pádraig de Brún agus Domhnall Ó Corcora, Humanitas 1930-31.* Baile Átha Cliath: Coiscéim.

Quigley, Mark. 2003. 'Modernity's edge: Speaking silence on the Blasket Islands', *Interventions: International Journal of Postcolonial Studies* 5 (3). 382-406.

Racine, Jean. *Phèdre. Théâtre complet de Racine.* M. Rat, eag. Paris: Garnier.

Rich, Adrienne. 1977. *Of woman born: Motherhood as experience and institution.* London: Virago.

Ricoeur, Paul. 1999. 'Memory and forgetting', in Richard Kearney & Mark Dooley, eds. *Questioning ethics: Contemporary debates in philosophy.* London: Routledge. 5-11.

Ricoeur, Paul. 2004. *Memory, history, forgetting.* Chicago & London: The University of Chicago Press.

Rouault, Georges, de Brún, Pádraig, & Mhac an tSaoi, Máire. 1971. *Miserere.* Baile Átha Cliath: Gill & Macmillan.

Ruddick, Sara. 1980. 'Maternal thinking', *Feminist Studies* 6, 2 (1980): 342-67.

Ruddick, Sara. 1983. 'Preservative love and military destruction: Some reflections on mothering and peace', in Joyce Trebilcot, ed. *Mothering: Essays in feminist theory.* Totowa, New Jersey: Rowman & Allanheld Publishers. 213-62.

Ruddick, Sara. 1987. 'Remarks on the sexual politics of reason', in Eva Feder Kittay & Diana T. Meyers, eds. *Woman and moral theory.* New York: Littlefield Publishers. 237-60.

Ruddick, Sara. 1989. *Maternal thinking: Toward a politics of peace.* Boston: Beacon Press.

Said, Edward. 2006. *On late style: Music and literature against the grain.* New York: Vintage Books.

Schilder, Paul. 1978. *The image and appearance of the human body: Studies in the constructive energies of the psyche.* New York: International Universities Press.

Stanford Friedman, Susan. 1989. 'The return of the repressed in women's narrative', *The Journal of Narrative Technique* 19.1 (1989): 141–56.

Thomas, Dylan. 1952. *Collected poems 1934-1952.* London: JM Dent & Sons Ltd.

Tyers, Pádraig. 1992. *Malairt beatha.* Dún Chaoin: Inné Teo.

Venuti, Lawrence. 1995. *The translator's invisibility.* London: Routledge.

Warner, Marina. 1990 [1976]. *Alone of all her sex: The myth and cult of the Virgin Mary.* London: Picador.

Warner, Marina. 1995. *From the beast to the blonde: On fairy tales and their tellers.* London: Vintage.

Winnicott, Donald W. 1971. *Playing and reality.* London: Tavistock.

Winterson, Jeanette. 2011. *Why be happy when you could be normal?* London: Jonathan Cape.

Wyatt, Thomas. http://www.poemhunter.com/poem/whoso-list-to-hunt/

Yngvesson, Barbara. 2010. *Belonging in an adopted world: Race, identity and transnational adoption.* Chicago and London: University of Chicago Press.